大是文化

台指期
傻瓜當沖法
讓我本金翻5倍

三種K棒走勢＋操作三原則，
不鑽研個股、不盯籌碼，當天下單當天賺，
下班回家接著賺！

文章總瀏覽量破 33 萬
台指期當沖女王

Queen 怜
著

CONTENTS

第一章

賺賠的關鍵，都在基本功
──台指期基礎入門

第二章

台指期當沖女王的
「等它一下」致勝心法

第 三 章

期貨高風險？我這樣避開賺更大　101

第 四 章

只要觀察 K 棒，簡單賺到大行情　165

第五章

女王的投資建議與叮嚀 233

附錄

學員心得文 245

推薦序一

與其跟大師學，
不如跟背景相似的成功榜樣學

嗨投資共同創辦人、理財學院講師／何毅里長伯（獅王）

每一個領域都有傳奇性人物，在台指期當沖界，「女王」
Queen 怜絕對是最有資格的一位。

「好想好想賺錢，但又好怕輸錢……。」
「我資金不算很多，但很有興趣學習。」

以上是很多投資人的想法。如果你剛踏入期貨市場，什麼都
不懂；如果你正面臨交易瓶頸，希望改正錯誤；如果你總是小賺
大賠，百思不得其解，再給自己一個學習的機會吧！

這本化繁為簡的《台指期傻瓜當沖法，讓我本金翻 5 倍》，
是 Queen 怜藉由親身經歷及過來人的立場，把投資操作路上的
點點滴滴，舉凡賺錢的方式，抑或虧錢的經驗，整理濃縮而成。

Queen 怜在 2014 年接觸期貨，最初沒有龐大本金（這與大
多數投資人的背景相似），也曾經重摔了一跤慘賠過，但她不服
輸，爬起來拍拍塵土，潛心苦修精進，而後在短短 1 年內，從一

個平凡的家庭主婦，搖身一變為當沖高手。

我們之所以相識，是因為她是我的學生。在 2015 年，努力學習過的她是學院的超級績優生，**僅用小資金操作台指期及初學的選擇權，就創下連續月獲利百萬的傲人紀錄**，是嗨投資理財網站的傳奇性人物。

2017 年 6 月，我和 Queen 怜結婚了。

台指期當沖女王──Queen 怜的誕生

在平日的觀察與討論之間，我用評估一個老師的條件去審核，發現她的操作技巧以及交易結果，都已達到成熟穩定的境界，她根本就是個人才，不該被埋沒。但身為一個丈夫，我私心希望太太能做個賢妻良母、相夫教子，陪伴共度下半生；可同時身為嗨投資共同創辦人，不斷尋覓良師成立學院、傳承教學一職，也是我的重責大任。

時間慢慢的流逝，有一天晚上，我們兩人看完韓劇《我的大叔》，劇中男主角講了一段話，大致上是說：「每個人都有追尋夢想的權利，沒有人可以替他做主。」那一刻，看著身旁正在收拾桌面的她，我腦中閃過一個念頭──這是她想要的生活嗎？或者這是我想要的生活？

輾轉思考了數日後，我選擇跟她溝通，針對「她想追尋的夢想」雙向對話。之後我決定放手讓她追求操作的自由，以及教學上的滿足，並且幫助她達成這個目標，不再做個自私的獅子座老

公把她綁住。這就是台指期當沖女王 Queen 怜的誕生。

Queen 怜常常對我說：

「你講的太難懂了，學生聽不懂啦！」

「你不要以為學生都跟你一樣做了 20 年。」

「你不要以為學生的財力都是無限大。」

是呀，投資理財的書籍大多很難懂，也不是每個人都很有經驗，更不見得很有財力，但是人人幾乎都賠過錢，而做期貨賠錢的人，更是多如過江之鯽。但我觀察後發現，會去進修的人少之又少，而且現在網路資訊爆炸，如果學錯了技術或觀念，可能還不自知。一個連 K 棒都看不懂的人，想要改善操作，是該向大師級的人學習？還是和自己出發背景相似的成功榜樣學習呢？我會選擇後者。

曾經的慘賠，是她成為台指期當沖女王的資本

學而優則教，這些年透過資料彙整，Queen 怜把她領悟到的各種當沖技巧與觀念，錄製成完整的教學影音課程，並成立操作教學學院「女王的當沖魔法」，每日盤中向學生傳承技術與經驗。要知道，**願意盤中教學的老師不多**，但她堅持這麼做，讓初、中階新手和投資老手都能有所收穫。

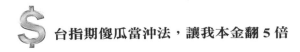

經過一段時日的準備，她再利用閒暇之餘的時間，把這幾年反敗為勝的技術與觀念濃縮成精華，寫下了《台指期傻瓜當沖法，讓我本金翻 5 倍》，正式出版。

看完本書，你會了解怎麼找尋買賣點，最後恍然大悟——原來操作這麼簡單！不需要華麗技巧、不用看技術指標、不用計算價格、也不用觀察籌碼，只要照著 Queen 怜的教導，你就可以開心獲利。

子曰：「外舉不避仇，內舉不避親。」身為嗨投資網站共同創辦人以及 Queen 怜的丈夫，我用兩種截然不同的心態與角度，正式並衷心的向大家推薦這位技術不凡、個性堅強且好學好勝（這也是她吸引里長伯我的地方），相當值得各位投資人看齊的老師。

推薦序二

交易無須技巧華麗，
當個傻瓜就能開心獲利

「HiStock 嗨投資」創辦人／管繼正

從事理財教育十多年的時間，我最開心能夠看到很多同學透過學習之後，便能藉由投資股票、期貨等金融商品，每月為自己增加一些收入，並且慢慢的從小資變成中資、中資變成大資；亦從小賺小賠到多賺少賠，變成能夠相對穩定且成熟的交易者。

Queen 怜即是一個我非常佩服的台指期當沖高手。

還記得 2014 年的秋天，我接到 Queen 怜的電話，她當時還是懵懵懂懂的女生，向我詢問過何毅里長伯的學院教學方式後，就開始加入認真學習。

在加入學院之前，Queen 怜是個連 K 棒都不懂的小散戶，別人怎麼說就怎麼做，導致大賠收場；但她努力鑽研，花了 1 年不到的時間就脫胎換骨，已經可以用 50 萬的本金操作大台，讓自己連續兩個月獲利超過 100 萬。看到完整的交易對帳單，我的眼界也打開了——原來，學習後竟然可以有這麼大的改變。

因為曾在學習操作台指期的過程走過彎路，使得 Queen 怜當上講師之後也不藏私，非常樂於分享，將自己的技巧毫不保留

的教給同學，更在學院中一而再、再而三的反覆訓練同學，進而栽培出許多開心獲利的投資人。

台指期操作的技巧可深可淺，盤中即時的變化也是快速又難以捉摸，我常常請教她，難道沒有個一招半式，可以讓我們這種沒辦法一直盯盤、資質又駑鈍的同學，很容易就能學會的嗎？

答案是——當然有，「**傻瓜操作法」就是一個最容易學習的入門技巧！**

不用看技術指標、不用計算價格、也不用觀察籌碼，僅僅需要觀察 K 棒的開收 K 價格就行了。藉著 K 棒的外觀排列，判斷出目前台指期是屬於漲勢、跌勢、還是盤整，就能了解現在是要再等一下，還是當機立斷賣掉（或回補）。這是 Queen 怜常說的「順勢操作」的精華技巧，一看就懂，確實非常適合新手學習。

當然，她化繁為簡的技巧，學習起來固然容易，但投資人要能夠熟練應用在實戰操作中的話，也需要像她當初一樣努力。Queen 怜時常以「天道酬勤」來勉勵同學，並且以身作則，即使操作技巧成熟、經驗老道，依舊每天盯盤操作、分享、教學及整理資料，持續不斷的精進自己的實力。

如同本書所說，交易市場不存在「照著做就能賺錢」的方法，更何況照著做其實比想像中困難許多，我們可以回想很多時候的虧損，不就是因為自己沒有正確執行停損或停利嗎？

期許迷茫、對台指期當沖有興趣的投資人，都能照著 Queen 怜努力學習的態度和過程，反覆練習本書中所教導的「傻瓜操作法」（模擬單也是學習操作的方式），熟悉操作方法，找出與自

己個性和習慣可以搭配的地方，進而建立起屬於自己的方式及原則。一旦你從實戰交易中獲利，再培養出對於期貨交易的熱情和信心，相信你已經離成功不遠。

　　本書非常推薦給想更了解台指期當沖、或已經實際在操作的朋友，我不僅從中學到了經提煉過後、最容易學習的技巧，也獲得一個從新手到高手的學習榜樣，更看到了正在閱讀此書的你，未來可以一起開心獲利的笑容。

推薦序三

台指期當沖女王證明了，在市場成功不只是傳說

投資理財頻道「麻紗宅在家」YouTuber／麻紗

台指期當沖女王、Queen 怜——我習慣稱呼她為學姐，一位至今我仍視為傳奇的人物。

已不記得是多久前的事，當年我剛踏入　何毅里長伯（對，我故意挪抬）的門下學習台指期當沖，身為大型高級散戶的我固然有賺到、但賠更多，只是獅子座的我卻無法放下驕傲，以至於始終無法給自己一個機會，從頭好好學起。

在如此剛愎自負的心態下，我的操作成績一直非常不穩定，直到某一次大大虧損後，我在里長伯的學院討論板留下很負面的情緒，隨即關了電腦跑去睡覺。沒想到隔天在我的信箱中，躺了一封來自學姐的信，大意是希望幫助我找出操作的問題來。

當時的學姐早已是學院內的傳奇，**連續的百萬獲利讓本金翻了又翻，穩定的績效讓人知道這一切都是實力而非僥倖**，但當時的我對學姐並不熟悉，只覺得：「哎呀！這麼厲害的人哪會理我。」因此，我看到信的當下非常驚訝，但也很開心這樣傳說級別的人物能夠看到我，甚至願意向我伸出橄欖枝。

隨後的時間裡，了解學姐的學習歷程後，我很意外的發現，原來學姐過去連 K 棒都看不太懂、連上下影線是什麼都一頭霧水，這跟我心中學姐的形象真的相差十萬八千里。

　　到底是什麼樣的力量，能改變這位看似平凡的人，讓她翻轉人生，改變了自己與家人的生活？

　　學姐說：「天道酬勤。」

　　「我們都不是天才，很多事情無法贏在起跑線上，但我們可以用後天的努力來改變自己、改變人生，進而帶領周遭的人往更好的地方邁進。要做到這些，我們就要比任何人都勤勞、比任何人都努力。」

　　我這才發現，富有天賦的人，也許不需要花太多力氣，就能得到相當的收穫，但充其量也只能是位「公主」，可能令人羨慕，但不見得禁得起考驗。唯有放下一切定見，堅持往正確的路一步步踏實耕耘，披荊斬棘、千錘百鍊後，我們才能憑著自己的雙手，獲得真正的力量。

　　或許過程中就如同學姐自嘲總像個「傻瓜」一般，然而花時間努力思考、學習、改錯，是她一直以來最執著的事，也就是這樣的執著，與一顆永遠善良、樂於助人的心，讓她從茫茫市場的小小散戶，蛻變成一位擁有強大力量、且又無比溫暖的台指期當沖「女王」。

　　非常高興能看到學姐出書，除了又可以讓我偷學一點東西之

外，相信對廣大的投資人更是一大福音。你可能跟當年的我一樣，在如戰場的投資市場中，總是淪為被宰的魚肉。那不妨給自己一個機會，當個努力的傻瓜，女王將毫不保留的將技術與心態教授予你，好好的學習，你就能了解到，原來在市場成功，真的不只是傳說而已！

推薦序四

克服台指期操作門檻，
當沖也能穩定獲利

統一期貨證期雙分析師／盧昱衡

在一般人的眼中，期貨就像洪水猛獸，需要非常高深的數學邏輯，屬於衍生性商品投機避險套利的範疇，而且常常聽到負面的新聞報導，說操作期貨的人都是賭徒，面對高風險的金融工具，應敬而遠之。

其實這些印象，都因不了解期貨進入門檻低，但操作門檻高的特性，甚至誤解保證金交易，以為高槓桿就是高利潤，卻忽略了背後的高風險，輕易的讓自己承擔過多的風險而導致翻船。本書作者以親身經歷，帶領讀者了解期貨的世界，並且深入淺出的解析交易人最想了解的台指期當沖操作，非常值得一讀。

臺灣的投資人以散戶股票族居多，而且習慣聽明牌跟內線消息，願意把心力投資在改進交易技巧的人卻不多。我們常常看到一般散戶的操作，常常是賺錢單抱不住、賠錢單抱很牢，翻開紀錄所呈現的，都是賺錢部位賣掉、賠錢部位繼續住套房。

自疫情爆發以來，臺灣有非常多散戶靠著「一張不賣，奇蹟自來」的信念在股票市場賺到錢，但這樣的操作方式，在高槓桿

的期貨市場卻很容易「畢業」。本書的怜式店鋪理論，生動的將操作期貨比喻成開店鋪，提醒投資人要把投資當創業，在心態上應該更小心；莫因期貨市場低門檻，就忽略高槓桿，畢竟總想找名師報明牌，最後卻血本無歸的大有人在。

本書深入淺出的介紹了交易心法，切中要害，指出每一種指標都有其優缺點，如何善用指標優點去擴大獲利，以及如何避免缺點控制虧損，才是交易眉角。作者相當傳神的描繪了交易人看到指標交易訊號後急著進場的盲點，而她獨門的「等它一下」怜式交易聖杯，強調稍微等一下，給訊號一些緩衝的時間，先觀察它究竟要走反轉還是延伸，而不是莽撞的訊號一出就馬上動作。

在交易邏輯方面，作者透過 N 字盤法的介紹與延伸，描繪了大多數的盤型，並且歸納總結了「傻瓜操作法」，讓初次接觸期貨市場的讀者，可以簡單的記住順勢操作的進出心法。此外，作者提點了制定進退場 SOP 的重要性，幫助讀者制定自己的交易計畫，以對抗人性的弱點。

對於初次接觸期貨市場，或者有意了解台指期當沖如何穩定長期獲利的讀者，本書相當全面的介紹了台指期操作的知識與心得，非常值得一讀。祝福讀者們可以透過本書的引領，更理解台指期當沖眉角，並且加以運用，幫助台股投資部位避險增益，早日達到心靈與財富自由。

自序

我靠台指期逆轉勝，
從賠 100 萬元到本金翻 5 倍

　　要說到我的期貨投資經歷，得從 2014 年說起。

　　當時，我聽從好友的建議，開始接觸期貨，並依照一位老師的操作指示，在什麼都不清楚的狀況下，別人怎麼說，我就怎麼做，結果最後以賠錢收場──**第一次便賠了 35 萬**。

　　這次經驗，讓我深刻體會到，天下果然沒有白吃的午餐。為了搞懂讓我賠錢的「期貨」到底是什麼，我點開期貨討論社團開始爬文研究，直到了解基本操作概念，再重新進場。

從慘賠 100 萬，到賺回 5 倍本金

　　幾個月後，我報名一位老師的神奇算法課程，以為學會了就能無往不利。剛上完課的頭幾天，盤勢仍處於盤整區（股價在一段時間內波動幅度小，無明顯的上漲或下跌趨勢），我照著老師的指示做，小賺了幾筆，但沉浸在獲利喜悅中的我，私毫沒有察覺──像這樣聽從他人的指示，不是和我第一次投資時一樣嗎？

　　果然，隔週一盤勢突然像跳水一樣，往下突破盤整區，由於

我根本沒有停損觀念，完全不知所措，老師沒下指令，我也不敢動單子；待跌勢稍止，再聽從老師指示加碼攤平，期望反彈能夠解套。但，盤勢並沒有止住，而是繼續下跌，買進後我歷經兩週的忐忑、折磨，抱到結算日整整賠了 100 萬元。

慘賠帶來的打擊不小，但我並沒有浪費太多時間懊惱，而是產生「從哪裡跌倒，就從哪裡爬起來」的念頭，開始學習。我本來就有買書自學的習慣，所以當時我挑了很久，最後選上的，是一本寫著「要學會投資，就要先學會看 K 線」的書。

那本書裡，作者用心的列了上百個 K 棒組合，但對我這個新手來說，這份用心反倒成了負擔，甚至有許多狀況只能硬背，導致我只看了幾頁後，就把書闔上，再也沒有翻開。後來，我也試過閱讀雜誌、上網看臉書社團的網友們怎麼說，偶爾跟著做，卻始終沒有實際搞懂……。

幸好，我在臉書社團中遇到恩師——何毅里長伯。在我自學 K 線的這段時間裡，我一直持續關注里長伯在社團的發言，發現他講解盤的方式極富邏輯，跟其他社團裡的網友發言很不一樣。也因為這樣，當他 PO 出免費講座的消息時，我便決定親自去聽聽看。

沒想到，他與其他老師非常不一樣，直接清楚明白的跟聽眾說：「我會教你釣魚，**但要吃魚必須靠自己釣。**」想起過去慘賠的經驗，這樣的作風，為我帶來希望。考慮了一週後，我決定加入里長伯的線上學院學習，決定從哪裡跌倒，就從哪裡爬起來。

有了目標後，我全心學習所有操作期貨必備的知識，日以繼

夜的鑽研，同時減少實際上場操作的時間，把重點擺在基礎知識的養成。光是一個四、五十分鐘的盤勢分析，別的同學可能快速聽完，我起碼都要聽兩個小時以上，因為每到一個聽不懂的地方，我都會停下來寫紀錄、再回轉重複聽；每講到一種技巧，我就會去找歷史 K 棒驗證它的準確度。

　　此外，里長伯在分析隔天是看多（預測上漲）還是看空（預測下跌）時，我會仔細聽他的原因，了解他是觀察哪個技術指標？運用什麼樣的操作邏輯？接著回頭找歷史 K 棒，比對驗證後續走法，聽完再整理資料、記錄及比對，始終堅信「有志者，事竟成」的鐵律。

　　皇天不負苦心人，驗證學習成果的那個月，我用 50 萬元本金，交出獲利 102 萬元的成績單，隔月再度破百萬元，就這樣，我只用 2 個月的時間，把本金足足翻成了 5 倍！

和各種期貨相比，台指期難度最低！

　　獲利之後，我並沒有因此懈怠，而是感受到「天道酬勤」的威力，自然希望能更上一層樓，於是開始挑戰不同的商品。

　　那時台指期還沒有下午盤，台指休盤時間，就改做小德指（小型德國 Dax 指數期貨）、小道瓊（小型道瓊指數期貨）、輕原油、黃金、歐元、小日經（註：日經二字來自日本經濟新聞）等波動不同的外期（國外期貨），我的手機看盤軟體沒關掉過，一整天都在盯盤。除了洗澡、做家事的時間以外，我一定把

手機放在看得到的地方，甚至經常早上醒來才發現，自己竟又握著手機睡著。

（註：台指期交易時間分一般與盤後，一般交易時間為上午 8 點 45 分～下午 1 點 45 分，稱為上午盤或日盤；盤後交易時間則為下午 3 點～次日上午 5 點，稱為下午盤或夜盤，於 2017 年 5 月開始施行。）

我就這樣終日與盤為伍，不斷嘗試、調整操作的技巧，終於找到一套專屬於自己的操盤技巧。

長期盯盤讓我對 K 棒異常敏感，只要當下走得不對，就能立刻察覺，同時盯著多樣商品，讓我漸漸發現這些商品跟美金、歐元有某種程度的連動性，有些商品在漲跌勢發動之前，可以先由其他商品看出端倪，為我的操作帶來相當大的助益。

由於長期盯盤，體力不堪負荷，我已不再研究外期，而是回頭把重心放在台指期上，這才發現**台指期是其中難度最低的**，因為**國外每一種商品的屬性不同，波動來得比台指期劇烈外，台指期的走法還有許多特有慣性，更加容易掌握。**

然而，過去那段時間的自我訓練也不是白費功夫，我因此更加懂得拿捏盤法，操作技巧也可說是應用自如，面對台指期就變得相當輕鬆。

待操作穩定，我回歸家庭生活，把扣除操作以外的大部分時間，用來陪伴家人，終於**能夠兼顧收入及家庭**，內心感到無比踏實，曾經的「挫折」果真是老天爺餽贈的禮物。

我從負 100 萬元爬起，相信你也可以

安逸的生活過了一段時間，我總覺得缺少了什麼，直到某天與我的恩師里長伯聊起過往，期望自己也能利用所知所學，扮演當初恩師的角色，遂答應教學的邀約，挑戰新工作。

教學雖然並不如想像中容易，但就如同我的學習過程——「有志者，事竟成」，收到上課同學的感謝信，看到文字裡描述的轉換過程，彷彿見到另一個我，甚感欣慰。這個新挑戰也為自己帶來了滿滿的成就感。

我的朋友看著我一路努力過來，即使在期貨市場受挫，也不退出，反倒萌生一定要戰勝它的信念，於是寫了一段話送給我：「祝妳有做不完的公主夢、打不敗的女王心。」這也成了我的外號「女王」的由來，希望能夠勉勵同學，跟我一樣打不敗，並在期貨市場找到屬於自己的一片天。

回顧過往，如果能及早領悟操作的精髓，必能少走許多冤枉路。如此這般，著書的想法油然而生，但礙於教學已占用我大多時間，無暇分心寫書。直到 2020 年，幾經思量，我便毅然決然離開工作領域，專心投入寫作。

一直以來，期貨的快速波動及高槓桿的特性，讓許多懷抱著夢想進入期貨市場的投資人，因不諳其特性而屢屢受挫，鎩羽而歸。變化多端的走法，使得投資人難以掌握盤中的買賣技巧，未能如期贏取獲利，反而苦無對策、屢嘗敗果。

如何學習一套正確的操作方式，反覆運用執行，而後可以在

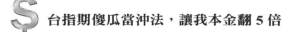

期貨市場持續獲利，這是踏入期貨市場的每一位投資人應有的省思。

而本書要告訴你，想成為當沖（從當日波動中賺取利潤）的贏家，並非神話。只要先熟悉操作原理，建立該有的原則，那麼操作台指期將會為你帶來樂趣及夢寐以求的績效。

書中沒有艱澀難懂的遣詞用字或難以理解的技術分析，而是去蕪存菁的涵蓋了操作的觀念心法、進退場原則、應用技巧等必備知識。謹記，操作沒有標準答案，只有原則和方向，我會清楚讓你知道什麼是操作的重點，只要能夠清楚掌握重點，獲利就會隨之而來。

期許本書能夠成為你的基礎入門最佳參考書籍，更期望能帶給已有經驗的投資朋友轉變的契機，跟我一樣逆轉勝、常保獲利。

 ## 台指期當沖女王的獲利心法

「讓你跌到谷底的事情，往往也是讓你重新站起的事情。」

The very things that hold you down are going to lift you up.

——老鼠提摩西（Timothy Mouse），《小飛象》（Dumbo）

第 一 章

賺賠的關鍵，
都在基本功——
台指期基礎入門

第 1 節
認識台指期，
下班後一樣可交易

　　台指期，就是「台灣加權股價指數期貨」，又簡稱「台股期貨」，為臺灣期貨交易所（臺灣期交所）發行的第一檔期貨商品，連結標的是臺灣加權股價指數，為臺灣交易量最大的期貨商品。而台指期是市場慣稱，書中也會直接以台指期來稱呼。

　　這裡的期貨，指的是一種買賣契約，買賣雙方約定在未來指定的時間點，須按照契約指定的價格來交收標的貨物，交易單位為「口」，契約中的買方須付給賣方一筆保證金以簽訂此契約。

　　本書討論的台指期有兩種類型（見圖表 1-1），一種是台股期貨，俗稱大台；另一種是小型台股期貨，俗稱小台。這兩者的分別在於「單位價值」，也就是每口跳動 1 點所表示的價格並不相同，**大台每一點代表 200 元，小台每一點代表 50 元**。在計算損益時，依據持有的口數×跳動的點數×相對應的代表價格，才是真正的損益金額。

　　舉例來說，如果買進後，於台灣加權股價指數上漲 100 點時賣出，則獲利金額計算如下：

- 一口大台的獲利金額＝1 口×100 點×200 元＝2 萬元
- 一口小台的獲利金額＝1 口×100 點×50 元＝5,000 元

圖表 1-1　台指期商品比較

項目	台股期貨	小型台股期貨
連結標的	臺灣加權股價指數	
市場俗稱	大台	小台
英文代碼	TX	MTX
單位價值（新臺幣）	每點 200 元	每點 50 元

台指期重要時間：結算日、交易時間

　　只要是股票開盤日，期貨市場就可以進行交易，但兩者開盤和收盤的時間並不同（見下頁圖表 1-2）。期貨市場的交易時間，是公告交易日期的上午 8 點 45 分～下午 1 點 45 分（上午盤、日盤）及下午 3 點～次日上午 5 點（下午盤、夜盤），當月結算日則為上午 8 點 45 分～下午 1 點 30 分（1 點 30 分～1 點 45 分和下午盤時間仍可交易次月期貨）。

　　至於股票市場的交易時間，為公告交易日期的上午 9 點～下午 1 點 30 分，而且沒有到期日限制，除非股票下市，否則可以持續持有。

　　從上述可以發現，**台指期比股票多了晚上的交易時間，交易時段更彈性**，一般上班族也可以善用下班時間來投資，不過要注意，**夜盤無法享有當沖原始保證金減半**（註：台指期進場前帳戶內須有一筆原始保證金，若於日盤當沖，原始保證金所需金額只

圖表 1-2　台指期與台股交易時間比較

項目	台指期		股票
開盤日	週一至週五 （遇國定假日不開市）		
交易時間	上午盤 （日盤）	上午 8 點 45 分～ 下午 1 點 45 分	上午 9 點～ 下午 1 點 30 分
	下午盤 （夜盤）	下午 3 點～ 次日上午 5 點	
當月結算日 收盤時間	下午 1 點 30 分（當天 1 點 30 分～ 1 點 45 分及下午盤時間，仍可交易次 月期貨）		無

要規定的一半。保證金相關說明請見 32 頁），成交量也比日盤
少。通常來說，**日盤震幅比較大，開盤時間又比較短，所以波動
較為快速，此時要賺價差也較快。**但偶爾也會遇到晚上國際盤大
漲或大跌的狀況，夜盤就會跟著反應，這時波動便不輸日盤。

　　台指期還有個特點——**結算機制**，也就是有固定的結算日，
具有持有期限的限制，這一點和股票相當不同。

　　買進台指期的最長持有時間到月結算日，**每個月的結算日期
為合約月份的第三個星期三**（見圖表 1-3，可查詢臺灣期貨交易
所網站：首頁＞交易制度＞行事曆），持有至結算日到期時，即
使不賣出，仍會被強制平倉（了結交易），也就是無論損益，皆
會依現貨市場的「結算價」來強制賣出。

圖表 1-3 台指期結算日（以 2021 年 7～9 月為例）

七月						
日	一	二	三	四	五	六
				1 廿二	2 廿三	3 廿四
4 廿五	5 廿六	6 廿七	7 小暑	8 廿九	9 三十	10 六月
11 初二	12 初三	13 初四	14 初五	15 初六	16 初七	17 初八
18 初九	19 初十	20 十一	21 十二	22 十三	23 十四	24 十五
25 十六	26 十七	27 十八	28 十九	29 二十	30 廿一	31 廿二

八月						
日	一	二	三	四	五	六
1 廿三	2 廿四	3 廿五	4 廿六	5 廿七	6 廿八	7 立秋
8 廿九	9 七月	10 初二	11 初三	12 初四	13 初五	14 初七
15 初八	16 初九	17 初十	18 十一	19 十二	20 十三	21 十四
22 十五	23 處暑	24 十七	25 十八	26 十九	27 二十	28 廿一
29 廿二	30 廿三	31 廿四				

九月						
日	一	二	三	四	五	六
			1 廿五	2 廿六	3 廿七	4 廿八
5 廿九	6 三十	7 白露	8 初二	9 初三	10 初四	11 初五
12 初六	13 初七	14 初八	15 初九	16 初十	17 十一	18 十二
19 十三	20 十四	21 十五	22 十六	23 秋分	24 十八	25 十九
26 二十	27 廿一	28 廿一	29 廿三	30 廿四		

資料來源：臺灣期貨交易所。

台指期的結算日為該月第三個星期三

6 種不同合約月份，近月交易最熱絡

台指期有 6 種不同到期月份的合約，分別為**連續 3 個月份加上 3 個接續的季月（3、6、9、12 月）**。以 2021 年 7 月 19 日（結算日前）選擇商品為例，選項就包含：

1. 連續第一個月：7 月份台指期。

2. 連續第二個月：8 月份台指期。

3. 連續第三個月：9 月份台指期。

4. 第一個季月：12 月份台指期。

5. 第二個季月：隔年 3 月份台指期。

6. 第三個季月：隔年 6 月份台指期。

如果在結算日後選擇商品，則以次月為連續第一個月，依序

類推。例如 2021 年 7 月 26 日（結算日後）選擇商品，就從 8 月份台指期算起，選項包含：

1. 連續第一個月：8 月份台指期。
2. 連續第二個月：9 月份台指期。
3. 連續第三個月：10 月份台指期。
4. 第一個季月：12 月份台指期。
5. 第二個季月：隔年 3 月份台指期。
6. 第三個季月：隔年 6 月份台指期。

另外，當月的合約稱為近月，時間週期較長的稱為遠月。一般來說**近月的成交量最大、交易也最熱絡**；遠月的成交量最小、交易相較不熱絡，因此投資人通常會選擇近月的交易合約。

保證金制度

台指期還有一個特別的制度——保證金制度。保證金有兩種：原始保證金、維持保證金，以下分別敘述兩者差異。

首先，交易台指期前，要先開立交易帳戶。與股市不同，台指期在下單前，帳戶內必須先有一筆保證金，此稱為「**原始保證金**」，**可視為進入操作台指期的門檻**，若帳戶內金額少於原始保證金，就無法進行交易，以此防止投資人無法承受風險。

舉例來說，目前大台原始保證金為 18.4 萬元，表示帳戶內至少要有 18.4 萬元，才能交易一口大台。

圖表 1-4　保證金金額參考表

商品別	原始保證金	維持保證金	當沖原始保證金（減半，限日盤）
台股期貨（大台）	184,000 元	141,000 元	92,000 元
小型台指（小台）	46,000 元	35,250 元	23,000 元

註：保證金會依大盤指數調整，建議投資人多加注意最新金額。
資料來源：臺灣期貨交易所。
更新時間：2021 年 8 月 23 日。

　　大台與小台的原始保證金金額不同，且每隔一段時間，就會依照大盤指數調整，像現在指數較過去翻漲，原始保證金金額也跟著翻倍，所以建議投資人上臺灣期貨交易所網站查詢最新金額（首頁＞結算業務＞保證金＞保證金一覽表＞股價指數類）。

　　當投資人沒有自行做好風險控管，也就是沒有如上述設好停損的範圍，造成虧損超過原始保證金的 25％（風險指標）——假設原始保證金 15 萬元，即虧損超過 3 萬 7,500 元（15 萬元×25％）時——期貨商會發出追繳通知，要求投資人在次日中午 12 點前補足原始保證金的金額。

　　至於「維持保證金」，約為原始保證金的 75％，也就是虧損 25％ 後剩餘的部分（接上例，15 萬元－3 萬 7,500 元＝11 萬 2,500 元＝15 萬×75％）。倘若帳戶內金額低於維持保證金，又沒有在次日中午 12 點前補足金額，期貨商會強制平倉，亦即強制賣出（註：若帳戶金額虧損後剩不到原始保證金的 25％，期貨

商也會強制平倉）。

　　以帳戶內有原始保證金 15 萬元、交易一口大台為例，當虧損達到 188 點時，期貨商會發出追繳通知，請投資人於規定的時間內補足原始保證金。計算如下：

交易一口大台為例，假設原始保證金＝15 萬元
維持保證金＝15 萬元×75％＝11 萬 2,500 元

原始保證金 15 萬元×25％（風險指標）＝3 萬 7,500 元
虧損 188 點時，金額為 200 元×188 點＝3 萬 7,600 元
　　　　　　　　　　　　　　→超過原始保證金的 **25％**
帳戶餘額＝15 萬元－3 萬 7,600 元＝11 萬 2,400 元
　　　　　　　　　　　　　　→低於維持保證金
應補金額＝原始保證金 15 萬元－11 萬 2,400 元
＝3 萬 7,600 元

　　限期內若未將保證金補足至 15 萬元，期貨商依規定可以逕行強制平倉，亦即所謂的「斷頭」。虧損金額視當時的賣出價格為準，假設期貨商強制平倉時的虧損為 200 點，則投資人的這筆虧損即為 200 點，並非 188 點。

　　最後，考慮到許多人是從股票開始踏入投資的世界，但股票與台指期有許多不同，我把較常見的項目整理成圖表 1-5。

圖表 1-5　股票與台指期的差異

比較項目	股票	台指期
持有成本	股價×股數 （當沖不需付出持有成本）	以臺灣期貨交易所公告之原始保證金為依據 （當沖可享有保證金半價）
付款日	T+2 日	採保證金制度，保證金專戶要有足額保證金才能下單
損益計算	漲跌價格×股數	持有口數×跳動點數×相對應的代表價格 （大台每點代表 200 元，小台每點代表 50 元）
漲跌幅限制	10%	10%
交易成本	・手續費：0.1425% （買賣時各付一次） ・證交稅：0.3% （賣出時支付）	・手續費：各家期貨商都不同，一開始就須與營業員做確認 ・期交稅：十萬分之二（買賣時各支付一次）

（接下頁）

比較項目	股票	台指期
放空限制	・使用融券方式，券商要有券才能借，且須支付利息 ・若股東會與除權息，會強制回補	無
結算日	無	合約月份的第三個星期三，持有至結算日到期，即使沒賣出，仍會被強制平倉
最壞情況	資金歸零	漲跌停鎖死、無法強制平倉，導致超額損失
交易時間	上午 9 點～下午 1 點 30 分	・日盤：上午 8 點 45 分～下午 1 點 45 分 ・夜盤：下午 3 點～次日凌晨 5 點 ・當月結算日：上午 8 點 45 分～下午 1 點 30 分（1 點 30 分～1 點 45 分及夜盤可交易次月期貨）
股利	有	無

掃描 QR Code，
看期貨交易宣導漫畫。

女王台指期小教室

整體而言，操作台指期具有以下優勢：

1. 股性單純，不用煩惱選哪支標的。

研究台指期，只要先決定是交易大台、小台，再根據指數走勢決定做多、做空，不像股票有幾千檔選擇。

2. 交易成本低。

對於交易頻率較高的投資人來說，光是交易成本，就能省下一筆可觀的費用。

3. 高槓桿，能夠帶來高獲利。

運用較少的資金進行投資，以獲得高報酬，這既是優點也是缺點。但也是因為台指期的波動大，一旦操作技巧夠強，就可以賺得比股票還多。

4. 流通性良好。

台指期的成交量夠大，如 2020 年的大台日平均成交量就達 189,078 口，小台則有 245,109 口，像股票跌停鎖死、賣不掉的狀況，在台指期歷史上只出現幾次。

5. 沒有放空限制。

股票可以融券放空，但有許多限制，比如借不到、遇到強制回補等問題；台指期則沒有放空限制，多、空自如。

第 2 節
當沖，是投機還是投資？

所謂當沖，是指「當日沖銷」，也就是在同一天就完成買賣交易，開盤時買賣、收盤前出清。這種交易方式在股票市場和期貨市場都會出現，由於所面對的市場不同，所以規定還是有些微差異，投資人必須多加注意。

台指期當沖 VS. 台股當沖，交易成本差很多

想進行當沖，不論台指期或台股，都有條件限制，須滿足條件才可申請取得當沖資格。

台指期當沖申請條件如下：

1. 開立期貨受託契約滿 3 個月。

2. 近一年內，期貨契約交易的成交筆數達 10 筆以上（不含選擇權）。

3. 若當日沖銷交易所需保證金達 50 萬元以上，另應提供最近一年之財力證明，其價值總金額應不低於從事當日沖銷交銷所需保證金額度之 30%。

台股當沖分成現股當沖和資券（融資、融券）當沖，現股當

沖申請條件如下：

1. 開立受託買賣帳戶滿 3 個月。

2. 最近一年內有 10 筆以上成交紀錄。

3. 須簽署相關的「風險預告書」，及「應付當日沖銷券差有價證券借貸契約書」。

若欲申請資券當沖，須開立信用交易帳戶，條件與現股當沖申請條件差不多，惟第 3 點改成最近一年買賣成交金額達 25 萬元以上。

申請完畢、準備投入市場時，台指期至少要準備的持有成本，以臺灣期貨交易所公告之原始保證金為依據（見 33 頁圖表 1-4）。

股票的持有成本，依照個股不同也有差異，計算方式是把股價乘以 1,000，即可得出真正持有一張個股的本金，交易金額會在買進後 2 天從交割戶扣除；但如果**做當沖，交割日會直接結算買賣後的價差，這就是沒有持有成本的原因，投資人只須負擔手續費和交易稅**（若賠錢的話，當然還要負擔虧損價差）。

不只是股票，台指期交易成功後也要支付手續費和交易稅，而這是**影響兩種當沖成本的關鍵**。

台指期的交易成本包含：

1. 手續費（每口固定一個價格，買賣時各付一次；依照交易量，各家券商的價格都不同，但依法規定，營業員不能於網路公開，故可以多家比較）。

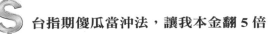

2. 期交稅（十萬分之二，買賣時各支付一次）。

→假設手續費為 0.01％，合計交易成本約為 0.012％，另外當沖可以享有**保證金減半（限日盤）**。

股票的交易成本包含：

1. 手續費（0.1425％，買賣時各付一次，通常網路下單還會有手續費折扣）。

2. 證交稅（現股當沖為 0.15％，資券當沖為 0.3％，賣出時支付）。

→證交稅以 0.3％ 計，合計交易成本 0.4425％，融資、融券另有利息支出。

> 融資利息＝融資金×融資利率×天數÷365
> 融券利息＝保證金×融資利率×天數÷365

比較過後可以發現，**台指期相對於股票，在交易成本上具有優勢，即使頻繁當沖，以相同本金來看，費用還是比股票便宜。**

除了現股當沖，用現金買進、賣出同樣的股票，股票還有資券當沖。如果覺得股票未來價格會上漲，可以先向券商借資金來買股票做多（融資買進），以賺取股價上漲的價差；如果覺得股票未來價格會下跌，可以先向券商借股票做空（融券放空），以賺取下跌的價差。

使用融資買進及融券放空，目前規定的最高融資比率是 6 成，也就是可向券商借 6 成金額買入上市櫃標的；融券則須支付 90％ 的保證金、還要加上 0.08％ 的借券費，但仍要以證交所公告為主。

舉例來說，大雄如果想融資買進一張股價 10 元的股票，他可以向券商借 6,000 元（10 元×1,000 股×0.6），實際只要付 4,000 元（1 萬元－6,000 元）；如果想融券放空一張股價 10 元的股票，就要先自付 0.08％ 的借券費加上 90％ 的保證金，共計 9,008 元（10 元×1,000 股×0.0008＋10 元×1,000 股×0.9）。

圖表 1-6　台指期當沖和台股當沖的成本差異

項目		持有成本	交易成本
台指期當沖		原始保證金	· 手續費：各家期貨商都不同（買賣時各付一次） · 期交稅：十萬分之二（買賣時各付一次）　勝
台股當沖	現股當沖	無	· 手續費：0.1425%（買賣時各付一次） · 證交稅：0.15%（賣出時支付）
	資券當沖	無	· 手續費：0.1425%（買賣時各付一次） · 證交稅：0.3%（賣出時支付） · 融資比率最高 6 成 · 融券要先自付 90% 保證金和 0.08% 借券費

不過，股票放空有許多限制，例如：融券放空是借股票來賣，所以可能會借不到股票，或是利息太貴；放空後要買回股票還給券商（回補），這可能造成股價上漲，反而在高價買回股票；若股東會與除權息，會強制回補；不是所有情況都可以放空，如遇台股狂跌，金管會可能禁止平盤以下放空，次一交易日放空價不得低於前一交易日收盤價等。

　　台指期則沒有放空限制，多空自如，只要單日出現上下的來回波動夠大且次數夠多，進出場的位置拿捏得夠恰當，150 點波動的交易日，單日的獲利可達震幅的 2～3 倍。

圖表 1-7　台指期當沖和台股當沖的放空限制差異

當沖項目	放空限制
台指期當沖	無 　　　　　　　　　　　　　　　（勝）
台股當沖	・股東會與除權息會強制回補 ・可能借不到股票，或利息太貴 ・不是所有情況都能放空

做當沖不如做波段？錯，短單反而是趨勢

　　過去提到當沖，可能有些人會覺得，那麼累的沖來沖去，獲利還不見得比做波段還高，何苦呢？但事實上，由於台指期看的

是指數，即使漲跌幅限制和股市一樣是 10%，但台指期的點數波動還是比較大的。

2021 年初，大盤指數約 15,000 點，震幅 1% 即 150 點，若做的是大台，損益就達到 3 萬元（200 元×150 點），而這只是 1% 的震幅。到了 2021 年中，指數攀到 17,000 點，就算震幅一樣 1%，卻是 170 點，波動明顯比年初時還大。更何況，目前超過 1% 震幅，可說是司空見慣了。

也是因為這個特性，所以實際在操作時，會發現當沖的短單越來越多，這是由於**投資人忌憚於點數波動大，才越來越不敢留倉（當日收盤後未結清的期貨）**。至於期貨市場的另一個特性──高槓桿，與波動大息息相關，吸引許多人繼續鑽研該市場。

高槓桿是一把雙面刃，可能讓你一次賠很多，但也能讓你一次賺很多。

舉例來說，先不計算手續費和交易稅，若台指期某個交易日有 170 點的波動（假設原始保證金為 15 萬元），操作一口大台的獲利就有機會達到 3.4 萬元（200 元×170 點），計算如下：

若本金 15 萬元……

投資台指期→遇到震幅 1%，波動 170 點，操作一口大台
　　　　　　有機會獲利 3.4 萬元。
　　　　　　200 元×170 點＝3.4 萬元

若將 15 萬元改為買進一張 150 元的股票，即使當天漲停、股價來到 165 元，當沖完的獲利也不到 3.4 萬元，計算如下：

若本金 15 萬元……

投資股票→買入一張 150 元股票，遇到 10% 漲停達 165
　　　　　元，獲利 1.5 萬元。
　　　　　（165-150）元×1,000 股＝1.5 萬元

　　經過這樣的比對換算，投資人應該就知道，為什麼會有那麼多人說操作期貨的風險很高。但在考慮風險時，投資人必須考慮的是**個人所能夠承擔的風險程度**，而不是計算得來的數字風險。

　　以上述例子而言，先忽略手續費和交易稅，若用券商軟體買進一口大台後，預設 20 點當停損價，當達到停損價，系統會自動平倉，即虧損 4,000 元（200 元×20 點）；如果買了一張 150 元的股票，沒設停損價，跌了 5% 就是虧損 7,500 元，這樣看來，台指期的風險就一定高嗎？

　　事實上，風險完全可以自行控制。對於波動沒有預期的心理準備及對應策略，才是普遍投資人認為期貨等同高風險的主因。

　　換句話說，了解台指期的波動狀況後，擬定適合的操作策略才投入，並戒掉股票族慣有的「反正賠了就抱著」的不良習慣，學習不留倉（當沖），才能夠避開高風險，即使隔天開盤突然劇烈波動，也不會影響到你。

女王台指期小教室

期貨用語中經常出現「倉」這個字，意指期貨合約，比方說建倉，就是投資人新買入（做多）或新賣出（做空）期貨合約的意思。

● **平倉 vs. 留倉**：平倉指買入或賣出期貨合約，以了結交易；留倉則指當天收盤後未結清的期貨，又稱為未平倉、持倉。

● **多頭部位 vs. 空頭部位**：持有多頭部分指看漲，選擇做多（預期漲勢而預先買進，待價高後再賣出）；持有空頭部分指看空，選擇做空（預期跌勢而預先賣出，待價低後再買進補回）。

● **反向單（逆勢單）vs. 順向單（順勢單）**：下的單與趨勢走向不同，即為反向單，反之則是順向單。例如走漲時，持有的空單就是反向單，而持有的多單為順向單。

● **凹單**：抱著賠錢單不賣，明明應該停損卻不停損。換句話說，如果將賺錢的單子留倉，就不是凹單。

範例：某日指數大漲 300 點，我看著手中持有的空頭部位（反向單），心想：「接下來說不定指數會反轉下跌，現在認賠未免太可惜，我想放到賺、或至少沒賠（凹單）。」於是決定先不了結交易（留倉、未平倉）。

當沖沒有好壞，就只是一個賺錢方法

有人問我，覺得台指期當沖是投資，抑或是投機？先講講我對兩者的定義。

在我看來，所謂的投機帶有賭博性質，但我做台指期當沖，是依照成形 K 棒在操作，K 棒怎麼顯示，我就怎麼做，顯然與帶有不確定性的賭博不同；至於投資，時間性比較長，像是存股、看好某種外幣的後勢而購入該外幣基金、認為某公司的未來發展不錯而入股等，都帶入了預測未來的判斷，這與當天就結束買賣的當沖也很不同。

換句話說，當沖對我來說既非投機、但也不是投資，就只是個賺錢方法而已，跟開店賣東西差不多，兩者的差別在於型態不同，目的都是要賺中間的價差。如果你交易的口數少，就像商家買賣的商品量有限，也就是零售商；如果交易的口數多了，就像商家買賣的商品量變大了，不就像批發商了嗎？

哪些人適合用台指期當沖？

綜合以上說明，我們可以發現，台指期雖然波動比股市大，但掌握風險後的獲利和低交易成本，仍是無可取代的優點。我認為有 6 種人，適合做台指期當沖：

1. 交易頻率高。

與股市相比，台指期具有低交易成本的優勢，對於交易頻率較高的投資人來說，光是省下交易成本，就是一筆可觀的費用。

2. 避險。

許多人會建議持有大量股票的投資人，適度買進台指期空倉以避險，用意是在大盤大幅上漲後下跌調整時，即使持有的股票價格因此下跌，還能利用手上的期貨空倉獲利，去彌補股價下跌的虧損。

不過有一點要特別留意，就是這個方法會讓「選股」變得更重要。為什麼呢？若大盤仍處於上漲階段、尚未回檔，一旦選股不當，導致原本預期要漲的持股不漲反跌，這時又買進台指期空倉的話，由於台指期與大盤連動，自然也會跟著上漲，如此一來，買進台指期空倉不但無法達到避險，反而造成持股及台指期空倉雙雙虧損。

3. 擁有足夠資金。

過小的資金並不適合操作台指期。以目前的指數操作一口大台為準，我建議準備資金為 60 萬元，若當沖操作技巧純熟，那麼準備 30 萬元即可。

另外資金來源及用途也必須考慮，只能用閒置資金來操作，這是鐵律，但期貨市場仍有為數不少的投資人並非如此，甚至想要靠僅存的資金賺取生活費。我有學員因為生活上有困難，無法

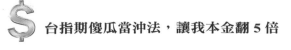

外出工作，便靠著僅存的積蓄來做台指期當沖，但他受限於資金不足，賺到的又只夠過生活，使得資金無法擴大，最後只能維持現狀而已。

另外，部分投資人的資金來源是親戚朋友或貸款，我認為與其如此，倒不如先抽空學習，用模擬單操作，邊學習邊存資金，待累積了一定的經驗、且有足夠的資金，這時再投入會更穩妥。

4. 能盯盤。

這是操作當沖很重要的一環，能夠盯盤的投資人，操作時就能即時反應。

券商提供的看盤軟體有策略下單的功能，不能持續盯盤的投資人，若是想賺取當沖的部分價差，亦可利用該功能達成，但務必要有「賺到的錢絕對比能盯盤的投資人少」的認知。畢竟不能盯盤就無法隨時掌握到好的出場點，所以得記住「不多賠、有賺就好」，才不會經常為了錯失的利潤影響情緒。

5. 反應快速又想賺快錢。

若是反應快速且企圖心強烈，並具有良好的操作策略，那麼台指期當沖能夠讓你在一來一回間，收穫更多利潤。

6. 能夠適應快速波動，且操作技巧已臻完熟。

對於這類操作者，台指期當沖無疑是快速獲利的最佳途徑。

第3節
當沖的必備工具：K棒

我在上一節提到，我做台指期當沖，是依照成形K棒在操作，所以了解K棒走勢非常重要。

台指期的K棒有很多種，包括：1分K、3分K、5分K、15分K、30分K、60分K，以及日、週、月K等，K字前面的時間週期，就表示多久會跑完一根K棒，**例如5分K，就是每5分鐘會跑完一根K棒。**

雖然時間週期不同，但判讀K棒的方法其實是一樣的（見圖表1-8）。紅K表示收盤價高於開盤價，黑K表示收盤價低於

圖表1-8　K棒基本圖

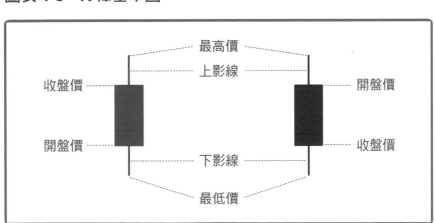

開盤價，主體方塊的上下端，分別表示開盤價、收盤價，而方塊上下的線稱為影線，上影線的最高點表示該時間週期所出現的最高價，下影線的最低點則表示最低價。

　　時間週期越長的 K 棒，因為所涵蓋時間越長，漲跌幅勢必會越大，例如一根日 K 的漲跌幅，一定比同一天的任一根 5 分 K 來得大。像這樣時間週期長短不同，我習慣稱為層級的不同。

　　層級並沒有好壞之分，只要依照自己的個性、選擇適合自己的就好。我個人做當沖時，習慣用 5 分 K，但如果反應比較快的投資人想要看 1 分 K、3 分 K，那也沒關係。

　　要是不喜歡當沖太多趟，改成觀察 15 分 K 可以嗎？當然可以！不過要小心，當 K 棒週期拉長了，表示點數波動會變得比較大，所以建議要有較大的容損空間，才不會一下子就出場。

　　判讀 K 棒對於主要講究順勢操作的傻瓜操作法而言非常重要，因為 K 棒就代表當下那段時間的走勢，如果遇到上漲（走漲勢），我們就順著做多；相反的，如果碰到下跌（走跌勢），我們就順著做空。

　　注意，盤勢不會永遠單一走勢，那什麼時候要退單或轉單（做空改做多，或做多改做空）呢？答案是「轉勢時」，簡單來說，就是出了一根不同顏色的 K 棒，如果是紅 K，那它要收過前一根黑 K 的開盤價；如果是黑 K，則要收破前一根紅 K 的開盤價（見圖表 1-9）。至於判讀和操作方法，我會在第四章詳細解釋。

圖表 1-9　什麼是轉勢 K？

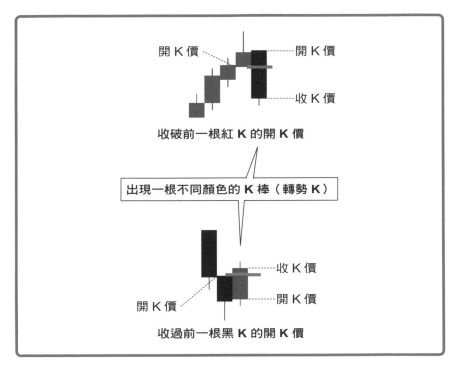

不過方法人人都可學習，為什麼有人成功、卻也有人失敗呢？這與心態有關。投資方法與技術固然重要，但心態作為基底，絕對不可以忽視。即使你的技術有一定的純熟度了，一旦心態不穩，就可能影響你的操作，甚至違反 SOP，若因此少賺、甚至造成虧損，實在相當可惜。

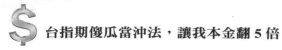

　　下一章，我會和各位讀者介紹我的致勝心法。有時候，我們只要轉變一下心態，就能讓操作獲利，即使之前有虧損，也能成功逆轉勝！

 台指期當沖女王的獲利心法

「如果你願意踏出未知的腳步，你將可以學習到你從未經歷過的事。」

If you walk the footsteps of a stranger, you'll learn things you never knew you never knew.

——寶嘉康蒂（Pocahontas），《風中奇緣》（Pocahontas）

第 二 章

台指期當沖女王的 「等它一下」致勝 心法

第 1 節
我的投資態度，怜式店鋪理論

　　一般來說，投資人若未做好功課就急著投入期貨市場，往往因不了解商品特性、只好跟著別人操作，最終容易虧損。

　　有創業經驗的人都知道，一家店從無到有，需要耗費相當大的心力。從構思企劃→找店面→商圈評估→商店規畫→裝潢施工→尋找廠商→設備採購→員工招募及訓練管理→行銷企劃→銷售記錄→策略調整……每個環節都不可或缺，如此循序漸進，才有機會打造一間成功的店鋪。

　　而要成為操作台指期的贏家，雖然少了許多創業的繁雜細節，但仍得秉持相同的態度，按步就班做好操盤的事前準備。

　　從熟悉台指期的慣性波動到資金比例配置，以及風險控管、操作技巧、多空判斷、停損停利、交易記錄、複習檢討等，每一個環節都需要先審慎評估，這不僅是考驗操作者規畫的能力，執行力及修正力亦缺一不可。

把投資當創業，你會更小心

　　還有，用「猜測」的態度去操作台指期，也是導致虧損的原因之一，即使僥倖獲利，也無法長久維持。

這個道理一樣可以用創業來比喻：你會因為猜測這地段開咖啡廳很賺錢，就立馬租下店面開始營業嗎？會因為聽朋友說吃到飽餐廳很夯，就立刻貸款投入經營嗎？雖然大多數人都回答「不會」，卻有很多投資人在操作台指期時，變得草率行事。

有人會覺得，即使進場買錯，所付出成本也不像創業那麼多；但若無法改變操作的態度，小虧損也會如雪球般越滾越大。

還記得我過去的慘賠經歷嗎？當時我進場前也沒想過，自己居然不到兩週就賠了 100 萬元，如此輕忽的態度，就是操作時的隱藏風險。

大賠後，我一改輕忽態度，開始把操作台指期當作經營一家店鋪一樣積極謹慎，下定決心從頭學習→研究→測試→調整→執行→記錄→修正，正視每一筆操作。當心態擺正後，再踏實走好每一步，操作就有了顯著的成長。如果一開始就認真看待，不但能少走許多冤枉路，更不會慘賠。

我開的線上學院課程，之所以堅持將操作必須具備的原則及心法放在第一單元，就是希望學生們能先擁有創業般的謹慎態度，才會有良好的學習效果，成為操作台指期的贏家。

只要心態先擺正，結果自然不會太差——因為想法決定行為，行為決定結果。

市場低門檻，容易讓人忽略高槓桿

很可惜，鮮少有投資人會有這樣的想法。

期貨市場常被誤認是投機市場，主要是因為仍有大多數人，以人云亦云的方式在操作，找不到適合自己技巧的更是不在少數。歸其原因，是進入該市場的門檻太低，導致大多數新手投資人還沒養成「怜式店鋪理論」的觀念，就急著投入，以為不需要了解太多就能輕易以小博大、快速致富。

以操作一口小台來說，只需要四萬多元保證金就可以操作了，根本不用像創業一樣，需要大筆資金及諸多事先規畫，導致許多投資人選擇進入低門檻的期貨市場，希望開闢出另一條獲利的蹊徑。只不過，多數人容易忽略了它是**高槓桿的衍生性金融商品，做得好，獲利確實可觀；但操作不當，仍有機會把本金賠光，甚至要再補錢。**

很多人問我：「那我準備 10 萬元做一口小台，可以嗎？」

原則上，保證金放得足夠，**採用槓桿較小的下單比例**，才是正確的做法。就像開店會預留準備金，在波動劇烈的期貨市場更該如此。當然，如果可以盯盤又只做當沖，操作技巧夠好又看得懂盤法，SOP 制定得夠完善又能夠確實執行，那麼準備 10 萬元做一口小台也沒問題，甚至 5 萬元就足夠。

如同開店的事前準備一樣，你事先準備得夠充足，掌握度越高，那麼成功的機會就越大。注意喔，是「機會越大」，而不是一定會成功，畢竟就連知名便利商店，也會有門市做不起來而收掉，但因為它的加盟機制夠完善，所以失敗的比例就會比其他創業加盟來得小。

反過來說，如果不能盯盤，只做留倉單，可是操作技巧不夠

女王台指期小教室

讓許多人聞之色變的期貨，到底是不是真的具有高風險？首先要從它的高槓桿特色談起。

以操作現股為例：準備資金為總價金的 100％，槓桿就是 1 倍（價金 100÷資金 100）；融資操作股票的準備資金為總價金的 40％，槓桿就是 2.5 倍（價金 100÷資金 40）。

以指數 15,000 點、保證金 15 萬元為例，台指期（大台）的槓桿計算方式為：

200 元×15,000 點＝300 萬元

300 萬元÷保證金 15 萬元＝20 倍（槓桿）

也就是說，只需要 15 萬元保證金，就可以交易 15,000 點的商品，這就是市場上說台指期高槓桿的原因。

那有沒有什麼方法可以控制槓桿呢？以剛剛的例子來說，當準備金提高到 50 萬元去操作一口大台時，槓桿就降成了 6 倍（300 萬元÷50 萬元）。也有人用損益計算來呈現：

保證金 13 萬元→下跌 100 點（200 元×100 點＝2 萬元）

　　　　　→2 萬元÷保證金 13 萬元＝15％

保證金 50 萬元→下跌 100 點（200 元×100 點＝2 萬元）

　　　　　→2 萬元÷保證金 50 萬元＝4％

依上述論點及算法，只要提高準備金來降低槓桿，操作的風險就降低了。

好又看不懂盤法，更無法遵守操作的 SOP，這樣就算有再多資金，也一樣有可能賠光。

而台指期操作得好，獲利完全不亞於一間便利商店的營業淨利，甚至可以超過。

有法有破，台指期獲利有金鑰匙

台指期獲利真的不輸給便利商店嗎？以現在動輒波動上百點的行情，我們用一口大台來試算看看。

假設你不做當天的來回價差，保守點估計賺到 50 點，乘上大台每點代表的 200 元，再乘上一個月約 22 個交易日，那就是月獲利 22 萬元。若換成做來回價差的高手，破百點是基本要求，起碼賺到 44 萬元。

那麼開一家便利商店的月淨利呢？別說是 44 萬元了，業績較差的，恐怕連 22 萬元都達不到。

至於操作一口大台，只要準備十幾萬元保證金，完全不需要 300 萬元的開店準備金，也用不著 24 小時不打烊。

- 大台保證金：十幾萬元
  月獲利：200 元×50 點×22 日＝22 萬元
- 便利商店準備金：300 萬元
  月獲利：不一定達 22 萬元

但我剛剛說了，操作期貨是高槓桿，**雖然獲利豐厚，不過如果操作不當，一天賠百點，連賠 22 天，也是 44 萬元。**

既然高利潤與高風險並存，為何不需要做好事前的準備工作？這是淺而易見的道理，投資人卻往往容易忽略，就如同當初慘賠的我一樣。

想成為操作台指期的贏家，就必須拿出創業精神，用心做好每個步驟、穩紮穩打。在準備的過程中，可以把每個步驟視為一個個的小目標，小目標達成後，大目標自然容易達成。

我很喜歡母親經常講的一句話：「有法有破。」意思是：任何困難終究能找到破解的方法。能完善這些小目標，等同於找到了破解獲利的金鑰匙。

給自己充足的時間做好進場前的準備，無論是資金配置、操作技巧、SOP……都一一搞懂並掌握好，再往自己的目標邁進，要是你準備得越充足，目標就越容易達成。

如果現在問我：「操作台指期會不會很難？」

我的答案是：雖然那些準備不容易，但只要準備足夠，操作起來並不難，加油！

第 2 節

照做就穩賺的
交易聖杯在哪裡？

　　沒有人是想賠錢的，而為了能穩定獲利，許多投資人都希望找到一種「只要出現，進場就穩賺」的操作訊號，市場上稱之為交易聖杯，不過這真的存在嗎？先和大家分享我的親身經歷。

　　在開始投入操作台指期時，我曾經很積極的想找出一種穩贏的操作技巧或訊號，只要聽到某項操作技巧可行，就會去做做看，如果操作結果一樣，就繼續照著做；只要出現一次不同的結果，就立刻捨棄。

　　比如看到背離 K 之後出現反轉（見圖表 2-1），我進場賺到了，下次背離 K 又出現，我會立刻進場做反向單，認為盤勢會跟上次一樣反轉，直到出現背離延伸、不再反轉的行情（見圖表2-2），就會心想：「又來了！又是個不好用的訊號！」、「看背離 K 根本沒用。」從此棄之不用，重新尋找下一種新的交易訊號或技巧。

　　（註：背離 K 指 KD 背離，即成交價和 KD 指標不同步，當股價創出新高〔低〕時，KD 指標的曲線並沒有跟著創新高〔低〕。KD 指標是使用 RSV 的加權移動平均來計算出 K 值和D 值，用來觀察價格的走向。）

圖表 2-1　K 棒背離反轉範例：價格破低，KD 指標沒破前低就走反向

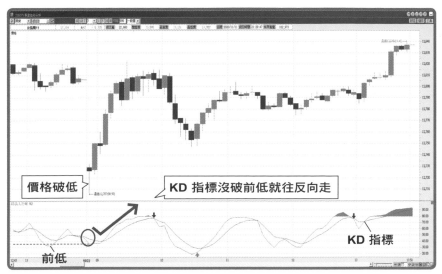

資料來源：統 eVIP 全球版。

圖表 2-2　K 棒背離延伸範例：價格過高，KD 指標沒過前高但續漲

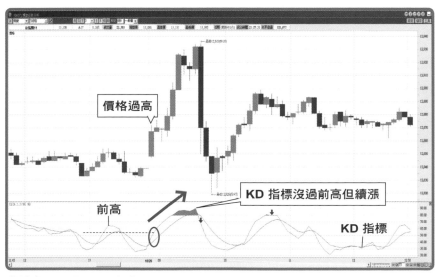

資料來源：統 eVIP 全球版。

　　不停更換方法的過程中，非但沒有增加我的操作功力，反而讓挫敗感越來越重，更讓自己的操作缺乏彈性，錯失許多能夠獲利的機會點。

　　但我仍舊執著的認為：既然有人能在市場裡穩定獲利，就一定是知道了某種交易聖杯，只是他們都不願意說，我也還沒有找到而已……。

交易聖杯真的存在嗎？

　　這一切的轉捩點，是我遇到了我的恩師——何毅里長伯。他明白我的疑惑後，笑了笑這樣回答：

　　「許多操作新手的想法都跟妳一樣，但投資市場根本沒有出手就穩賺的訊號，所以妳當然找不到交易聖杯！**所有操作技巧都會有優缺點**，只要避開缺點、善用優點，操作自然能夠獲利，不需要浪費時間去追求根本不存在的東西。而且期貨市場詭譎多變，妳的個性太過執著、缺乏彈性，這樣的個性在期貨市場相當不利。」

　　他接著告訴我：「**雖然市場上沒有所謂的交易聖杯，但有許多交易訊號**，比如背離 K 就是個交易訊號。當這個訊號出現時，妳只需要觀察它接下來要走背離延伸還是走背離反轉，順著它去做就好，這樣一來，背離 K 不也是一種交易聖杯了嗎？不只是背離 K，有很多技術指標都是這樣，妳只需要給它一點彈性

的空間。」

這段話，給了我一記當頭棒喝！

沒錯！背離 K 要嘛走反轉、要嘛走延伸，看它要走哪個，順著做一樣可以獲利，如此簡單的道理，我居然沒有想到！為什麼要執著的認為它非得每次都走背離反轉，才是可用的呢？（當然，累積的經驗夠多之後，是可以主動判斷背離 K 要走延伸還是背離的。）

原來我苦心追求的方向根本就錯了——不是只有單一絕對的技巧，才能拿來運用；只要避開缺點，妥善運用優點，仍然能夠獲利。換句話說，就是**不要在訊號一出現就主動判斷，而是要給它一點彈性，等它一下**，讓它自己告訴你，它要走反轉還是延伸，一樣能夠為你帶來獲利。

恩師看似輕描淡寫的一段話，是改變我學習方向的金玉良言。從那之後，我學習的著眼點改變了，開始重新檢視我運用過的技巧，認真研究如何善用它的優點去擴大獲利，以及如何避免缺點來控制虧損、甚至獲利，讓自己在運用技巧時，增加我個性上所缺少的「彈性」。

現在無論什麼樣的盤型，當沖獲利對我來說都不是難事，著實要歸功於恩師那段醍醐灌頂的開導。

我在無數次的演講中，都會提到這段轉變，因為我相信，肯定有不少投資人跟我當初一樣，一直死腦筋的追求交易聖杯。

「等它一下」，就是我的交易聖杯

「等它一下」屬於被動式的操作方式，這個觀念其實對操作非常有幫助。為什麼呢？

技術指標本身就具有遲滯性，雖然訊號出現慢了點，損失進場的優勢，但「等它一下」仍然可以獲利，這樣慢點進場又有什麼關係？比如 61 頁圖表 2-1 和 2-2 的背離 K，無論它要走延伸或是反轉，**等到第二根續走時再進場就好，後面仍有一大段的漲（跌）幅可以賺到**。

（註：不過台指期也會出現背離延伸只延伸一根，就仍會走反轉的慣性走法，這點要特別注意。應變方式與你做的格局有關，若做的是大格局，就不會只因為一根 K 棒而受影響；若做的是小格局，可看轉勢 K 考慮退場或轉單。想更了解格局，請見第三章第 5 節。）

除了技術指標之外，我把這個技巧廣泛運用到其他地方，也有相當好的成效。

比方說消息面，遇到利空消息時，等它一下，看看利空消息是否如實發酵；如果發現盤面不跌反漲，那就是主力利用利空消息發布時，投資人不敢進場做多的心理，在下方吃貨再拉抬，所以我們時不時就會遇到美股夜盤有利空消息出現，隔天日盤台股不跌，或是小跌之後反轉拉抬的情況。

以前我只會不斷做空，根本不敢做多；學會等它一下之後，就知道等完再順著做就好。利空？得了吧！既然是利空，盤為什

麼不跌？不跌就是有鬼！自此，消息面再也不會干擾我操作了。

　　籌碼面也一樣。當盤後籌碼越是極度偏空，隔天開盤卻不跌時，就是有問題，很可能是利用公開性的盤後籌碼誤導投資人。

　　以大資金的外資來說，看到他們賣超台股，盤面卻上漲，似乎不合理，但他們可以從摩台、期貨、選擇權做多賺回來；況且賣超可以只是減碼，他們不但手中仍有大量持股，盤中還可以隨時買回來，甚至控盤（低買高賣做價差），投資人根本掌握不了他們全部的資金配置狀況。

　　許多人看到外資期貨佈空倉大過多倉，就以為盤面一定會下跌，殊不知滿手股票的外資是採系統性操作，他們必須避險，才同時持有多倉和空倉，而這並不表示期貨佈空倉，盤就一定下跌。說穿了，**台指期多空單的增減，只是套利商品平衡系統裡的冰山一角，其他尚有股票、富台期、週月選擇權等布局在進行。**

　　因此，**不能光憑台指期的空單增加，就認定股市未來一定會下跌。**這種想法 10 年前或許可以，但現階段的台股不行，因為衍生性商品已經不同，況且股票買越多，期貨避險的需求一定越大。這些小細節，投資人都應該注意到。

● 「等它一下」的運用──

例一：背離 K 走法→等到第二根續走再進場。

例二：有利空（多）消息→等看看消息是否如實發酵。

例三：籌碼面→等它一下，觀察走勢是否符合盤後籌碼。

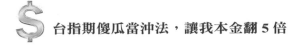

所以，當看到盤後籌碼的數據，別急著進場，**記得等它一下，觀察走勢是否符合盤後籌碼所示，這時再進場也不遲**。

經過調整，我的獲利績效大大提升，「等它一下」儼然成了我的習慣，無論是技術面、消息面或是籌碼面，我都秉持這個原則，避免陷入太過主觀的操作——這就是我的「怜式交易聖杯」。等到經驗夠多，有些位置不需要等它一下，自己就能直接判斷。

從等到不等的過程，我也學會了如何妥善運用主動式及被動式操作，讓自己的進退場點更漂亮，掌握更大的價差空間，為我帶來了無窮的樂趣及成就感。

第 3 節
當沖輔助利器：N 字盤法

做台指期當沖，「選擇自己要做的格局」（大勢／小勢）相當重要。什麼是格局？也就是你要做的價差，若每次操作的點數越多，格局就越大，這時候，操作次數會跟著減少，也不會依照每一根 K 棒的轉折去反應，而是觀察大致的趨勢來操作，我將這樣的趨勢稱為大勢。

反過來說，若每次操作點數越少，格局就越小，反應時所經過的 K 棒也會比較少，像這樣時間較短的走勢即為小勢。

先選擇好自己要做的格局，就如同想要開一家小吃店，已經決定好要賣麵食一樣；至於要用什麼方法讓餛飩麵更好吃呢？這就是下一步要研究的。既然走法有大小波動之分，那我們又該如何觀察大小波動的轉折？

K 棒走勢所形成的型態，是非常好用的輔助工作。究其原理，所有型態皆是由 N 字發展而來，所以**當沖只要運用 N 字來觀察走勢便綽綽有餘。它就如同幫助我們打贏勝仗的利器。**

那要怎麼畫呢？看到盤面時，只要觀察 K 棒往上的止漲點（最高點）及往下的止跌點（最低點），就能畫出 N 字盤法。

N 字盤法分兩種，有上漲 N 字和下跌 N 字。在觀察止跌點後，發現後續上漲又回測時的低點，都不會比前一個低點還要

低，但高點會比前一個高點還要高，這就是上漲 N 字（見右頁圖表 2-4、圖表 2-5）。（註：回測是指順勢中的反向小波動，書中多指上漲段中下跌；至於下跌段中上漲，則稱為反彈。）

　　若狀況顛倒過來，在觀察止漲點後，發現後續下跌又反彈時的高點，都不會比前一個高點還要高，但低點會比前一個低點還要低，這就是下跌 N 字（見 70 頁圖表 2-6、圖表 2-7）。

　　面對大小轉折，操作大勢、小勢有何差別呢？

　　舉例來說，在圖表 2-3 的上漲 N 字走法中，如果投資人做的是大勢單，那麼在小勢回測出現時（方框處），便不需要調整手上的部位；反觀做小勢單的投資人，就必須抓準轉折去進退場，

圖表 2-3　大小勢單的操作不同處

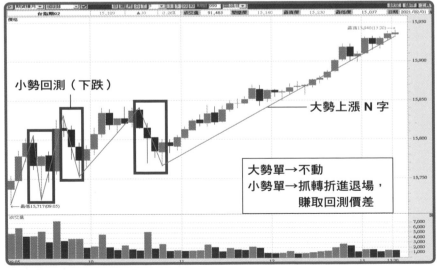

資料來源：統 eVIP 全球版。

圖表 2-4　上漲 N 字走法

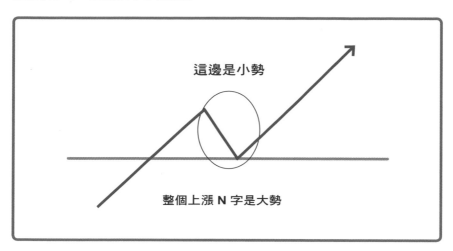

圖表 2-5　盤面中的上漲 N 字

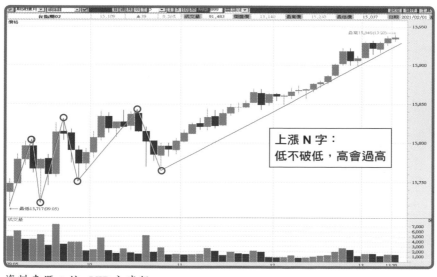

資料來源：統 eVIP 全球版。

圖表 2-6　下跌 N 字走法

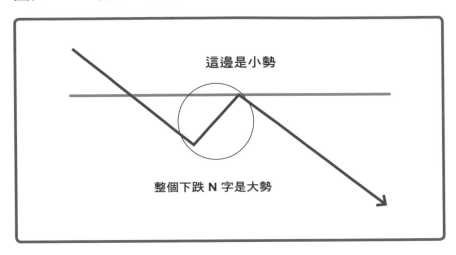

圖表 2-7　盤面中的下跌 N 字

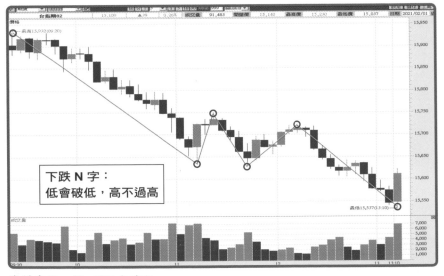

資料來源：統 eVIP 全球版。

賺取回測的價差。

　　總而言之，分得清大小勢，評估自己的操作條件和資金比例、選擇並採取相對應的操作方式，就不會錯過漂亮的退場點。

　　另外，我們可以明顯看到：

　　● 上漲 N 字：每一段漲勢的高點都比前段漲勢的高，低點也比前段漲勢的高。

　　● 下跌 N 字：每一段跌勢的高點都比前段跌勢的低，低點也比前段跌勢的低。

　　● **N 字盤法口訣：上漲 N 字→低不破低，高會過高。**
　　　　　　　　　　下跌 N 字→低會破低，高不過高。

　　也就是說，用 N 字走法可以觀察在走漲（走多）抑或是走跌（走空）。一旦運用 N 字走法抓好大小勢來回操作，便能擴大當天可操作的價差。

　　既然盤有大小波動，在上漲 N 字的範圍裡，有時也會出現小波動的下跌 N 字走法（見下頁圖表 2-8），不過**只要沒有破壞前方上漲 N 字的低點，盤勢就還沒有轉空的疑慮**。（反之亦然，除非小波動的上漲 N 字突破前方下跌 N 字高點，否則盤勢就還沒有轉多的疑慮。）

　　當走法出現小波動，不但要留意當前下跌 N 字是否持續，也要觀察是否跌破前方的上漲 N 字低點（見下頁圖表 2-9）。

圖表 2-8　上漲 N 字中的小波動下跌 N 字

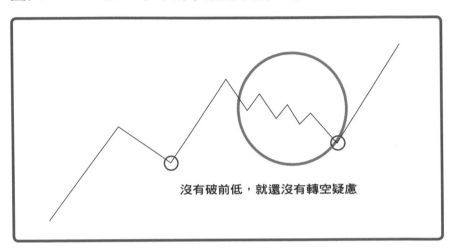

沒有破前低,就還沒有轉空疑慮

圖表 2-9　上漲 N 字的低點尚未被跌破,大勢 N 字仍走多

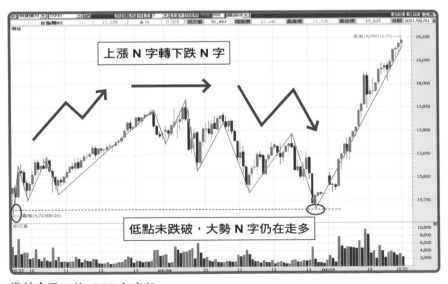

上漲 N 字轉下跌 N 字

低點未跌破,大勢 N 字仍在走多

資料來源:統 eVIP 全球版。

　　至於時間週期長短不同，也會有大小勢之分，像是 5 分 K 為小勢的話，時間週期比它更大的日 K 就是大勢。我習慣把 K 棒呈現出來的週期差異，稱為層級的不同。

　　比方說 2020 年 11 月 24 日～25 日，5 分 K 可能出現回檔（見圖表 2-10），但觀察整個 11 月，會發現日 K 仍在上漲（見下頁圖表 2-11）。這可以稱為大勢走多、小勢走空，跟市場上普遍的認知：「週 K 線走多時，日 K 線回檔的短空長多（短線走空、長線走多）」一樣，只是 K 線的週期抓到更小而已。

　　如果你選擇做小勢單，那麼當圖表 2-10 中的轉折出現時，即便不立刻轉單，也必須先行退單。如此**不但能守住獲利，也能**

圖表 2-10　2020 年 11 月 24 日～25 日，5 分 K 下跌回檔

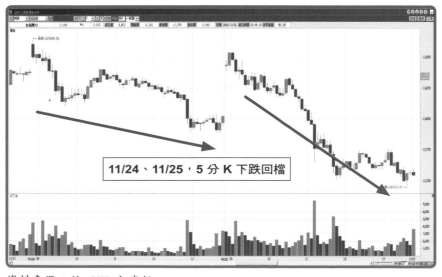

11/24、11/25，5 分 K 下跌回檔

資料來源：統 eVIP 全球版。

圖表 2-11　日 K 上漲，也可能出現回檔

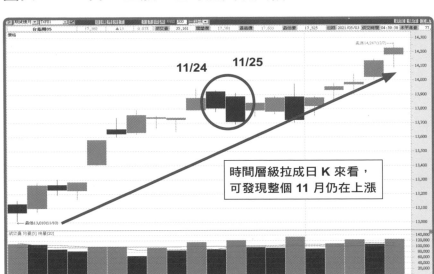

時間層級拉成日 K 來看，
可發現整個 11 月仍在上漲

資料來源：統 eVIP 全球版。

避免這次的轉折跌幅加劇，跌破前段上漲 N 字的低點，不必因為
忌憚大格局仍在走多，而不敢做盤中的回跌價差。

　　先選好格局，才能採取相對應的操作原則，不會再有該不該
退單的困擾，也能避免賺錢單變成賠錢單，以及凹單導致大賠。

當沖賺小勢價差，獲利不輸波段

　　常有人說，當沖的利潤比不上波段；但實際上從大小勢的走
法中可以發現，操作小勢單的來回價差，絕對不輸波段操作。

　　舉例來說，光是 2020 年 11 月 23 日及 24 日這兩天的走勢，

就可以看出當沖的來回價差空間有多大，若再加上後面 5 天的幾
段走勢（見圖表 2-12），可供當沖操作的空間就更多了。

比對日 K 這 7 天（見下頁圖表 2-13），盤整區的留倉多單
沒賺到什麼利潤，當沖單卻可以不斷的做來回價差。

從圖表 2-13 整段漲勢可看到，**當沖做不到的留倉單利潤，僅
「開盤跳空」的價差**。除去跳空後走單一方向的行情盤，只要盤
中出現 N 字走法，當沖可做的價差絕對比留倉單大。而且只要
懂得怎麼操作，**當來回波動幅度越大，當沖就越具優勢**。

此外，**留倉單必須承擔隔天開盤的可能風險，這是當沖不用
承受的，所以我選擇做當沖，鮮少留倉**。而這也屬於「要做什麼

圖表 2-12　當沖可操作的價差空間

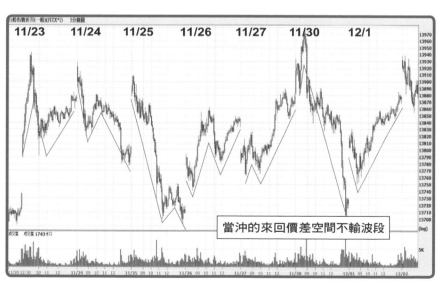

資料來源：統 eVIP 全球版。

圖表 2-13　日 K 可操作的價差空間

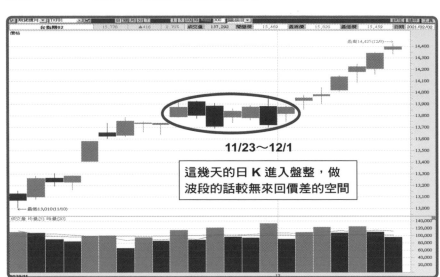

資料來源：統 eVIP 全球版。

樣格局」的範疇，在選擇要做當沖單還是留倉單之前，要先徹底
了解其中差異，評估是否符合自己再決定，不要人云亦云。

　　同時，當習慣觀察 N 字走法，更能夠理解多方盤也會回
測，空方盤也會反彈的慣性波動原理。

N 字盤法延伸技巧

　　我稱 N 字為型態之母，而觀察 N 字的重點，是前高及前低
是否被突破。當 N 字後續出現不同走勢，會再形成不一樣的型
態，這些型態各自又代表不同的意義（見圖表 2-14）。

圖表 2-14　N 字延伸盤法

型態／代表意義	圖形
M 頭：N 字前高被不斷突破，形成續漲的走勢，待前高不再被突破且前低被突破時，就會形成 M 頭。	
代表意義：下跌（空方勢成形）。	
W 底：和 M 頭相反，原來前低被跌破形成的跌勢，一旦不再破低且突破前高時，就形成 W 底。	
代表意義：上漲（多方勢成形）。	
旗型：原本的下跌 N 字接連突破低點但高不過高，之後走勢轉往向上並突破高點，就會形成上升旗型。走勢相反、低不過低的話，則為下降旗型。	上升旗型
代表意義： ・上升旗型：誘空盤法，大上漲 N 字先轉成小下跌 N 字。 ・下降旗型：誘多盤法，大下跌 N 字先轉成小上漲 N 字。	下降旗型
葛蘭碧八法：上漲 N 字轉走下跌 N 字，可以從前高不再突破、前低被跌破觀察得知。	
代表意義：上漲 N 字走成下跌 N 字。	上漲 N 字→下跌 N 字

（接下頁）

型態／代表意義	圖形
三角收斂：當前高不再被突破，但前低也不被跌破時，即形成三角收斂。後續只需要觀察是往上突破或往下突破，並觀察有沒有出現假突破即可（見圖表 2-15）。	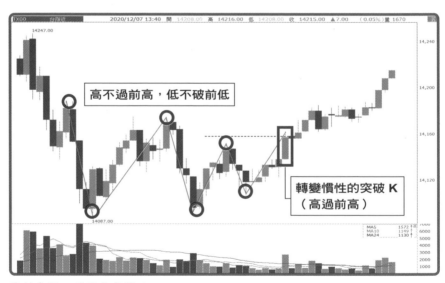
代表意義：進入盤整區，準備突破。	

圖表 2-15　注意三角收斂之後的突破 K

資料來源：群益贏家策略王。

　　對於當沖而言，不太需要揣測後續走出的完整型態，重點在走勢當中觀察前高及前低是否被突破，知道突破與否的後續會形成什麼型態就好。

以下舉兩個例子，大家也可以邊看走勢邊思考：

當反彈過程中，靠近前高無法突破時就做空，換觀察前低是否跌破（見圖表 2-16）。

圖表 2-16　觀察前低是否突破

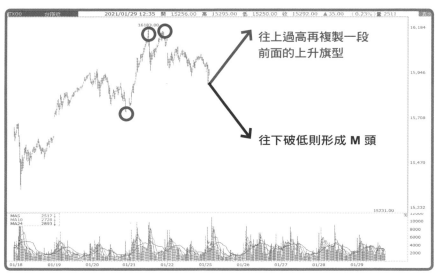

資料來源：群益贏家策略王。

● **前低被跌破**→上漲 N 字轉走下跌 N 字，跌破低點可以形成 M 頭。

● **前高被突破**→上升旗型。

若回測過程中，靠近前低沒被突破時就做多，換觀察前高是否被突破（見下頁圖表 2-17）。

圖表 2-17　觀察前高是否突破

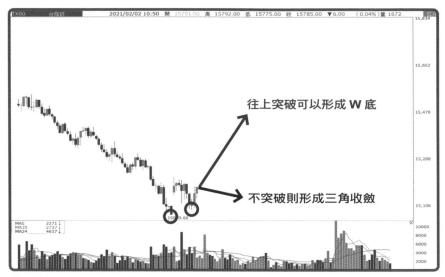

資料來源：群益贏家策略王。

- **前高被突破**→下跌 N 字轉走上漲 N 字，突破高點可以形成 W 底。
- **前高不被突破**→三角收斂。

　　只要觀察前高前低是否被突破，再採取相對應的操作，這就是十分簡單好用的 N 字盤法。

第4節
進場容易退場難，
所以要有 SOP

　　具備了操作心法後，要知道，市場上流傳著一句話：「進場容易退場難。」如何掌握到漂亮的進退場點，直接關係到操作的績效，是許多投資人最關切、又最不容易拿捏得當的一大難題。

一、為何要制定 SOP？

　　在制定 SOP 前，先搞懂為何要制定，可以提高制定的執行力。而要制定 SOP 共有三個原因：對抗人性、保護既有的利潤、避免虧損擴大。

　　1. 對抗人性：操作就像是場人性的考驗，如同前述籌碼面、消息面及各種網路資訊，都會影響判斷，投資人如果不夠熟悉操作的話，很容易陷入判斷困難的窘境，以至於經常該進不進、該退不退。

　　比如手上持有多單時，明明看到盤勢出現回測，但聽到利多消息，深怕錯過後續的漲勢利潤，結果眼看著原本的獲利不斷縮水，想退場又擔心退早了，自然會浮現諸多舉棋不定的想法：

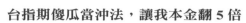

「利多怎麼沒有續漲？」

「現在這只是小回測吧？」

「賣掉的話會不會又漲上去？」

「該不會是利用利多出貨吧？」

「利多到底是真的還假的？」

但沒有人能給出確切的答案。

既然投資人想得再多，也難以下決定，那麼選好自己要做的格局，制定對應的 SOP，無論它後續要不要再上漲，一旦跌破了該守的位置，就果斷退場保護利潤。如此操作進退有據，盤中因為舉棋不定而損失利潤的狀況便能有效減少。

2. 保護既有的利潤：為了避免投資人賺 100 點沒賣，反倒抱著變倒賠 300 點的情況，只要制定 SOP，在既有利潤縮小到一個程度時就先退場，便能保護既有的利潤。

尤其是當手上持有多單時，大部分投資人容易關注利多的部分，即使遇到回測，也會找出許多後勢仍會走多的論點來支持自己，以忽略當下的回跌。可惜一旦無法保有明明可以到手的利潤，且這個狀況多出現幾次，投資人就容易大受打擊，導致操作變得雜亂無章。

記住，**一筆單子進場後該退就退，把基本該守住的利潤放進口袋**；即使後續又漲回，那也沒關係，**再操作一次做好**。當沖的每筆單都該分開看，不能混在一起，才不會產生「等等沒賺到怎

麼辦？」的想法，反倒害自己亂了套。

3. 避免虧損擴大：簡單來說就是避免凹單（抱著賠錢單不停損）。台指期有結算機制，一旦虧損擴大到一定程度，又持續不停損抱到結算，非常有可能結算在虧損相對大的位置。

許多股票族轉戰台指期後，容易忽略台指期的結算機制，尤其是手上股票曾經起死回生、由虧轉盈的投資人，無形中往往養成了「短線沒賺，就抱著當長線投資」的習慣，這樣的思維其實就是凹單。

選到績優股做長線，自然可以不在意短線的回檔，但期貨可不行。你可能會好奇：「台指期不是也可以操作遠月嗎？」是的，但成交量非常小，流動性不夠，又有正逆價差的劣勢（註：期貨價格大於現貨價格為正價差，期貨價格小於現貨價格為逆價差），所以**我覺得沒有必要去操作遠月期貨**。

對操作台指期的投資人而言，制定適切 SOP 最大的用意，就是避免虧損擴大，控制風險。俗話說得好：「留得青山在，不怕沒柴燒。」如果青山保不住，就連進場的木柴籌碼都沒了。

制定 SOP 的原因：
- 對抗人性。
- 避免虧損擴大（避免凹單）。
- 保護既有利潤。

二、SOP 要如何制定？

制定 SOP 時需要注意三個時機：進場、停損點、停利點。

1. 進場：每個人操作的方式及技巧不同，使得常見的進場參考依據也很多樣化，例如：技術指標、順勢操作、型態、價位計算、位階（箱型）操作、K 棒……但不論是哪一種，都要記得選擇最適合自己、自己最好理解那一種。

要拿捏進場點，關係到兩個關鍵：要用什麼樣的方式及技巧、要做什麼樣的格局，且分成主動式及被動式兩種進場單。

主動式，即在 K 棒還沒完全走完的情況下，主動預判後續走勢並做出相應操作（預判走低就做空，預判走高就做多）；**被動式**，則是不事先預判，看到 K 棒走完才有下一步動作。

以均線為例（見圖表 2-18）：若小明在價格反彈過程中達到 MA60（60 日均線，又稱季均線）的位置時，認為 MA60 有壓力（註：往上接近均線時，若 K 棒始終漲不太上去，即遇到壓力；如果反過來，K 棒往下碰到均線就不太下跌，是有支撐），便在 K 棒還沒完全走完，也就是尚未收 K 以前，在 MA60 附近的位置直接做空（多單轉空單，或空手直接進場做空）。

小華則是不做預判，先觀察 MA60 有沒有遇壓的止漲回跌現象，雖然看到紅 K 出現了，但一直等到走完收黑 K 才進場。

這兩個人，誰是主動式？誰又是被動式？沒錯，小明因為主動判斷認為市場會跌而做空，屬於主動式操作；而小華選擇等到

K 棒走完才順勢進場，這是被動式操作。

　　從圖表 2-18 可以看到黑 K 的高低點差 22 點，**採取被動式進場的進場點位**，比主動式來得差一些，但因為確認了 K 棒的確出現壓力，從而**降低操作的風險**。至於**主動式進場具有價格上的優勢**，可以空在比較高的位置，但如果 MA60 沒有壓制走法、而是繼續反彈，這筆單子就會虧損。

圖表 2-18　2021 年 1 月 22 日，價格反彈過程達季均線位置

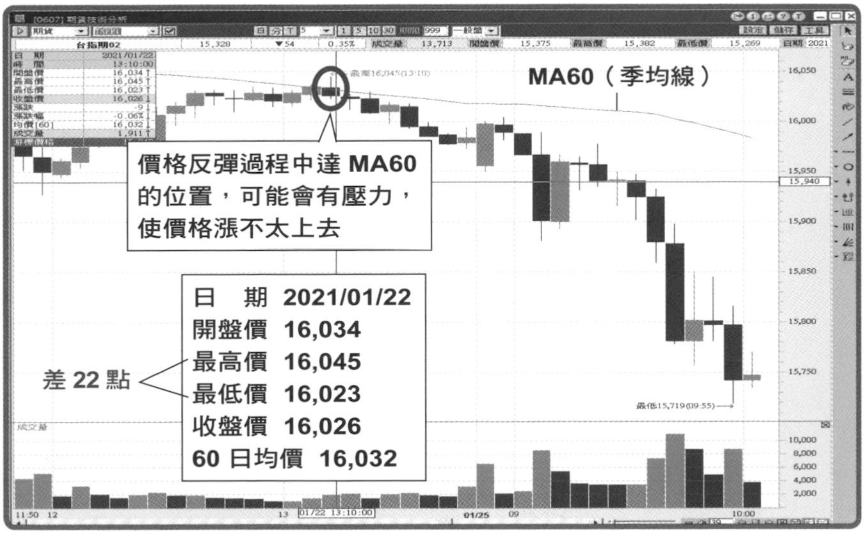

資料來源：統 eVIP 全球版。

制定 SOP（進場）：

● 主動式。　　　　　　　　● 被動式。

也就是說，主動式操作的風險比被動式操作還高，且取決於預判是否夠精準。

2. 停損點： 進場後一定要設置損點，也就是設置可以容忍虧損的範圍，這又分成四種情況。

● **進場的理由消失就退場。**

既然每個人的操作技巧都不同，停損點設置亦有差異，不過大原則就是──進場的理由消失就退場。以上頁圖表 2-18 均線的例子來說，進場是因為 MA60 有壓力，那停損點就設 MA60，一旦被突破，表示反彈走勢尚未結束，本來做空的就要退場。

● **固定價格停損。**

顧名思義，即設置固定點數為停損點。

期貨當沖單有很多人喜歡設 10 點為停損點，確實執行後，會發現非常容易退場，而且經常是退場之後，盤就拉回去了。

以目前指數超過 15,000 點來說，K 棒的震幅變大，一根超過百點的 5 分 K 並不少見，因此，若採取 10 點的停損設置，必須判斷精準、主動式進場在較具優勢的轉折位置，否則非常容易被洗掉。延續上頁圖表 2-18 的例子，假設小明於 MA60 進空單，黑 K 在收 K 前先假突破往上超過 MA60 13 點（超過停損的 10 點），小明就會在賺到後續利潤之前提早退場。

但如果設置的範圍太大也不合適。像有一位當沖操作不順的

投資朋友，他習慣設 40 點當停損點，卻常常賺錢單只賺 20 點就跑，這樣長期下來，操作的績效自然不好。

固定價格設停損點的方式，較適合用在型態轉折的位置。

● **用 K 棒高低點設停損點。**

以當沖來說，這是最簡單的一種停損設置方式，也是當沖操作者都必須懂的。這個技巧簡單好用又有合理性（詳見第四章的傻瓜操作法），要注意的是在不同格局（大勢、小勢）下，操作的標的 K 棒層級也不同。

● **N 字型態轉折。**

用前高跟前低轉折處當停損點，為大勢單的其中一種方式。

制定 SOP（停損點）：
- 進場的理由消失就退場。　　● 固定價格停損。
- 用 K 棒高低點設停損點。　　● N 字型態轉折。

---

3. 停利點：進場後出現獲利，就要為何時停利出場做準備，如本節開頭所說：「進場容易退場難」，表明了何時要停利出場，比進場更難拿捏得當，著實考驗著投資人的操作功力。以下提供幾種停利的方式讓各位讀者參考。

● **保本單。**

這是許多人慣用的方式。進場之後，獲利尚未拉大，如果立刻出場（利潤不夠多），又想避免出現回洗（走反向）的 K 棒反變倒賠，設保本單就是一個不錯的選擇。**保本單的設置通常為 1～3 點，記得以扣掉手續費及期交稅不會倒賠為原則。**另外，每家券商的看盤軟體，都提供了不同的保本單設置方式，請自行詢問營業員詳細內容，選擇自己適用的方式。

● **保護二分之一利潤。**

這也是不錯的方法。**進場後的利潤拉大後，只容許回洗二分之一的空間，**比如拉大 30 點，就設 15 點為移動停利（註：隨著獲利創新高而逐步調整停利點）；再拉到 40 點時，就改為 20 點，以此類推。

● **固定價差移動停利。**

這是不少投資人喜歡利用的方式，當獲利拉開小段價差後，**開始設置固定價差移動停利。**

舉例來說：進了多單之後，盤勢走漲，等到拉開 30 點利潤，再設置 20 點的移動停利，設置期間無論拉高多少次，20 點的範圍都會自動跟著移動，只要回壓不到 20 點，**就仍持有多單；**直到回壓達到 20 點，才會觸發設置的價格自動停利。

（註：設定觸發價時，會預先選擇要以市價、指定價格、範圍市價其中之一送出委託，所以觸發價不一定等於實際成交價，

這點要特別留意，有任何問題務必主動詢問營業員。）

　　投資人喜歡用移動停利的原因，是可以降低在震盪的過程中，因自己誤判而導致獲利單提早出場的情況發生，也能省去盯盤的時間及壓力。

　　然而，**固定價差移動停利若設置的價差太小，就容易出場；設置得太大，又會在被打到出場時損失太多利潤**。另外，與固定價格停損點的邏輯相同，固定價差移動停利在波動加劇時也容易提早退場。

　　因此，這種方式**比較適合走勢單純的行情盤使用**，如果能夠盯盤，並不建議採用。但對於無法時時盯盤，手上又有獲利單的上班族來說，倒也是個可以採用的方式。

● **轉勢 K**。

　　這個方法非常簡單，也是傻瓜操作法的核心操作，單純用 K 棒做勢不做價──多單抱到漲勢 K 轉走跌時就賣出；空單抱到跌勢 K 轉走漲時就賣出。

　　雖然這屬於被動式操作，轉勢 K 出現才停利會損失掉部分利潤，但非常好用，能夠達到賺大於賠的效果；不同格局操作所設置的 K 棒層級也不同，但要留意的是，它不適用於震幅小的盤整位置，原因我會在第四章一併說明。

● **N 字轉折**。

　　帶入 N 字轉折運用：空單到靠近前低不突破時主動停利；

多單到靠近前高不突破時主動停利。

● 目標價。

此種停利方式可以參照個人所運用的操作技巧，比如價格計算、技術指標等。以 85 頁圖表 2-18 為例，當做多把 MA60 當成目標價格，那麼價格往上觸碰到 MA60 時就會獲利下車。當然，也可以採取被動式操作，用目標價搭配轉勢 K 使用，會更加穩妥。

我曾遇過投資人進場後，光憑感覺來設目標價，沒有任何價格計算的底子或技術指標的論點支持，實在非常不恰當。

制定 SOP（停利點）：
- 保本單。
- 固定價差移動停利。
- N 字轉折。
- 保護二分之一利潤。
- 轉勢 K。
- 目標價。

三、遇到洗盤 K，退場後仍可再度進場

許多當沖操作者對於洗盤 K（註：洗盤是主力控盤常見的現象，目的是為了打壓跟風或原持有散戶搭順風車，以避免在未來拉升的過程裡產生阻礙）非常氣惱，甚至有人因為太常被洗盤 K 洗掉，錯失了後面的大段行情，而捨棄不再遵守 SOP，誤以為就

是因為遵守 SOP 才會經常錯失行情。

　　這其實沒有必要，因為換個想法，既然它叫做「洗盤 K」，顧名思義就是來洗單子的，是常見的盤法。

　　被洗掉沒關係，重新進場再設一次 SOP 就好，一旦養成好習慣，再遇到洗盤 K 時，就把它當成下一筆單去看待，不需要有太大的情緒波動，畢竟控盤者如果不洗盤，就不叫控盤者了。

　　因為洗盤 K 出現就捨棄 SOP，如同因噎廢食，不執行該執行的停利動作。少賺事小，這還沒什麼關係，但不執行該執行的停損動作，等於沒有做到風險控管；倘若遇到仙人指路的 K 棒（突破一根下殺又恢復正常），又沒有設定停損，導致帳戶內的權益數不足而被平倉，實在得不償失（現在有動態穩定機制，防範異常波動風險，所以比較不需要擔心）。

四、制定 SOP 的原則──必須適合自己

　　為什麼不提供一種 SOP 就好？因為每個人要做的價差不同，運用的技巧、個性、反應、操作條件也都不一樣，**沒有一套 SOP 可以適用每個人**。

　　舉例來說：習慣採用固定價格停損及固定價差移動停利的投資人，若換成看 K 棒設停損、看目標價設停利，可能會讓他們很沒有安全感，經常看著價格跳動，心情跟著七上八下，影響原本的操作節奏。

　　可以盯盤的操作者，明明可以看著 K 棒做，理所當然會覺

得沒必要損失掉固定價差移動停利的利潤；而無法盯盤的上班族，要他們採用適合盯盤者的 SOP 也太強人所難，畢竟常常該出場的當下，他們正在上班，根本注意不到。

每個人能夠容損及少賺的價差空間都不同，有的人賺了 50 點，等到回壓 30 點後退場，也覺得無所謂；但有的人光是回壓 15 點就會氣惱。如 85 頁圖表 2-18 中 MA60 的例子，如果無法接受被動式操作那 22 點價差空間，那就去加強自己預判的能力，學習相對應的技巧，朝自己想做的格局、操作方式邁進。

五、養成自律力

綜上所述，制定 SOP 的用意就是要守住獲利，顧及風險，每一筆操作都進退有據。一旦制定好了就必須確切遵循，否則也是白搭。

開始實行初期，有時候肯定也會猶豫，別急，給自己一些練習的時間。在練習過程中務必慢慢調整、修正，找出最適合自己的 SOP，然後養成確切執行的習慣。

執行力就是自律力，這是一位合格操作者必須具備的能力。

懂得制定適合自己的 SOP 並嚴格執行，是決定能否長存在市場之中的關鍵因素。

搞懂 SOP 的原因→制定 SOP→遇到洗盤 K，重新進場再設一次 SOP→確定 SOP 適合自己→養成自律力

第 5 節
明天是漲還是跌？
沒人能天天抓準

「明天會漲還是跌？」這是投資人最關心的問題，也是我最常收到的提問。

乍看之下，這問題沒什麼毛病，操作就是要做對方向才有利潤，所以接下來會漲還是會跌，當然是需要研究的重點啊！有趣的地方就在這裡──這個問題固然可以研究，但其實沒那麼重要，為什麼呢？

首先，在投資市場，**沒有人可以每天都準確預測到隔天會漲還是跌**，基本上可以有 70％～80％ 的準確率，就已經很高了，但這和 100％ 還是有點落差。**既然不是 100％，那這個具有不確定性的答案，就沒有那麼重要了。**

再來，隔天先漲後跌或是先跌後漲的盤，其實相當常見。換句話說，既然隔天的盤會漲也會跌，那何必把心思耗費在這個問題上呢？要不要賣，還是看當下的狀況，搶先思考隔天會漲還是會跌，意義實在不大。

讓我們看看以下例子（見下頁圖表 2-19）：

首先觀察，2020 年 11 月 23 日和 24 日這兩天，是不是有漲也有跌？

圖表 2-19　2020 年 11 月 23 日～24 日的 5 分 K，有漲有跌

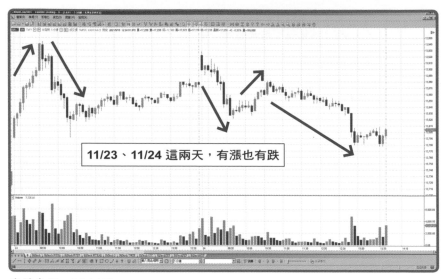

11/23、11/24 這兩天，有漲也有跌

資料來源：MultiCharts。

　　這種先漲後跌的盤，不論理由為何，若投資人預期隔天的盤會上漲，而盤也真的先上漲了，投資人會更想做多；當出現回測，就會因為預判上漲而想要買進多單，不斷尋找進場點做多。這種狀況下，賺不到空單的錢就算了，還反被套到而得不償失。

　　看對方向卻賠錢很常見，至於太關注未來，反倒會成為操作的阻礙。再加上指數過了萬點之後，每天的日價差（每天的高低點差）逐步擴大，即便是回檔，價差亦不容小覷。

　　接下來，我們把時間範圍放大來看，可以發現 11 月日 K 仍走漲勢（見圖表 2-20）。但注意 2020 年 11 月 10 日這天，過當天高點後回檔了 144 點（見圖表 2-21）。

圖表 2-20　2020 年 11 月，日 K 仍在走漲勢

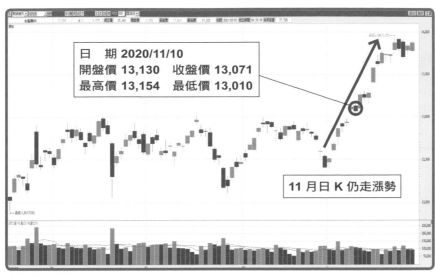

日　期 2020/11/10
開盤價 13,130　收盤價 13,071
最高價 13,154　最低價 13,010

11 月日 K 仍走漲勢

資料來源：統 eVIP 全球版。

圖表 2-21　2020 年 11 月 10 日 5 分 K，過高點後回檔

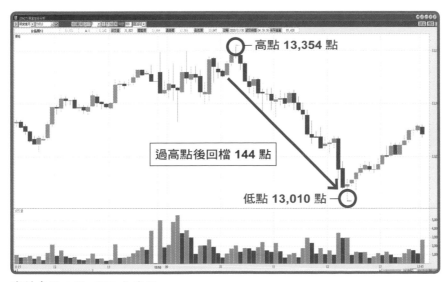

高點 13,354 點

過高點後回檔 144 點

低點 13,010 點

資料來源：統 eVIP 全球版。

儘管後續繼續走多，從 2020 年 11 月 10 日回檔後，又整整拉了 933 點（13,943 點－13,010 點），但那也是後來的事了（見圖表 2-22）。

　　可能有些人會說，指數上萬點，回檔一百多點也沒什麼關係。讓我們往前看看 2020 年 11 月 9 日的夜盤，當晚最高拉到 13,350 點，隔天日盤續跌到 13,010 點（見圖表 2-23），從高檔整整回測了 340 點，比 144 點高出不少。

　　這表示什麼？不但往下跌了 340 點又再彈回（來回總共 680 點）的行情跟你沒關係外，即便是波段單的多單留倉操作，回檔 340 點，也勢必要停利。換句話說，**沒人能抱得住大勢多單**，也

圖表 2-22　2020 年 11 月 10 日，回檔後又回拉

13,943 點

從 11 月 10 日回檔後，又往上拉了 933 點

13,010 點

資料來源：統 eVIP 全球版。

沒有抱住的必要。

就算有把握隔天會漲,也不能放著回檔 340 點都不做價差。假設一口大台保證金 15 萬元來計算(暫且不討論槓桿問題),340 點等於 6.8 萬元(200 元×340 點),就占了 45%,即使做的是波段獲利單,這種回檔幅度若放著不動,也不是合格的操作。

看到這,或許還是有人會說:「只要盤勢還沒有轉空,像這樣的盤做多沒關係,反正它還是會漲回來。」

這樣的想法有幾個問題:

第一,怎麼知道盤勢還不會轉空?

第二,當這種想法出現時,已經等同站在會凹單的行列了,

圖表 2-23　2020 年 11 月 9 日,夜盤接日盤 5 分 K

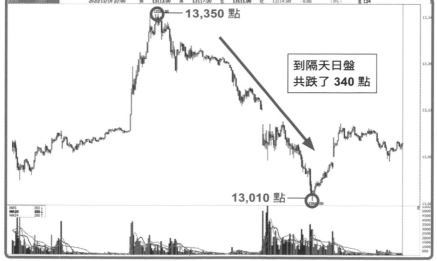

資料來源:群益贏家策略王。

如果多遇到幾次這樣的行情，自然而然會養成凹單的習慣。「幸好」剛剛的例子只是三百多點的回檔，一旦習慣養成，等到多頭盤確定轉空時就完蛋了——光是 2021 年 1 月 21 日～2 月 1 日的回測，就已經有 1,146 點的價差（見圖表 2-24）！

誰會等到確定轉空時再退多單，損失那麼大的價差？

更何況台指期有結算機制，像圖表 2-24 的回測，是月結算（1 月 20 日）隔天見短期高點，即便是做遠月的波段單，也不該抱著不動作，等它再創高。**千萬別認為只要盤面還在走多頭，多單就可以放著不管。**

圖表 2-24　2021 年 1 月 21 日～2 月 1 日，回測價差達 1,146 點

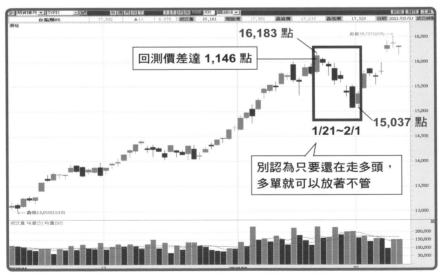

資料來源：群益贏家策略王。

當沖操作，當下永遠比未來重要

親愛的投資朋友，凹單絕對是必須改掉的壞習慣。一個看似不以為意的想法，無形中都會引導自己走向凹單的行列。

當沖操作，「當下」永遠比「未來」重要！操作功力不夠的情況下**不要把重心放在預測未來**。當然可以利用 N 字盤法去小範圍預測，比如前低不破時，補空翻多之後，可以先想到如果過不了前高，會形成三角收斂；過得了前高，會形成上漲 N 字，那就可能會出現 W 底，像這樣一段一段的去看就足夠。

記得，無論它最後收盤是要往上收還是往下收，**只要當下正在走跌，手上就只能持有空單**（當然，做大勢單的可以守大勢單的位置），**先賺做空的利潤，等到盤要轉漲時再做多也不遲**，這是做當沖該有的基本認知。

所有的反轉點一定是由小而大，如果你選擇做當下，雖是小格局的價差，但也不會錯過未來的漲勢。我們可以著眼當下，放眼未來，觀察當下是不是往未來的方向走；如果不是，就先賺當下的價差，千萬別執著於未來的看法，阻礙了當下的操作。

記住，操作一定要「眼見為憑」，「視而不見」就是在放任虧損擴大。學習投資的路上，雖然需要耗費時間及精神，但付出絕對會有所收穫。

台指期當沖女王的獲利心法

「在這個世界上，唯有拚命努力，才能得到你想要的。」

The only way to get what you want in this world is through hard work.

——蒂安娜公主（Tiana），

《公主與青蛙》（The Princess and the Frog）

第 三 章

期貨高風險？
我這樣避開賺更大

第 1 節
多數人賠錢的主因
——賭徒謬誤

　　期貨因其高槓桿特性，吸引了不少投資人投入市場。但除了少數贏家能夠樂在其中、無法自拔之外，思之痛心或望之卻步的投資人，還是占大多數，而仍然掌握不到訣竅、導致虧損連連卻依然身處其中的，亦不算少。如此一來，更加深了投資人「期貨＝高風險」的印象。

　　我接觸過很多有經驗的投資人後發現，許多人連最基本的停損停利觀念都沒有，讓我相當訝異，甚至不解！

　　明明已經不是新手了，為什麼還會犯這種錯誤？就像是上了戰場卻沒有武器，或是有武器卻不知道怎麼使用一樣，那要如何打贏勝仗呢？

　　想在台指期市場賺到錢，除了操作方式、技巧、策略之外，良好的觀念及心態更是不可或缺的要素。我常拿歌手梁靜茹唱的〈分手快樂〉歌詞來比喻：「揮別錯的，才能和對的相逢。」適時停損，才能和下次獲利相逢。

　　在學習操作技巧之前，讓我們先來探討幾個容易導致虧損的因素。

讓你寄託希望，再把你重重摔下

首先是賭徒謬誤（The Gambler's Fallacy），亦稱為蒙地卡羅謬誤（The Monte Carlo Fallacy），是一種機率謬誤，不恰當的預測逆轉時發生的現象，而之所以會預測逆轉，是基於某事發生了很多次，因此感覺接下來不太可能發生；或者某事很久沒發生，就覺得接下來很可能會發生。它是一種人們心理上的認知偏差，更是我們習以為常的思維謬誤。

賭徒謬誤的思維方式就像是：丟擲一枚硬幣，一旦正面朝上連續出現越多次，下次擲出正面的機率就越小，擲出反面的機率就越大。

也就是說，當我們丟擲一枚硬幣時，出現正面或反面的機率是二分之一，如果連續擲了六次正面，人們更可能認為下次擲出正面的機率比較小，擲出反面的機率比較大。

事實上，每一次擲硬幣出現的結果，跟上一次沒有任何關係，下一次擲出正面或反面的機率仍然相等──都是二分之一，並不會隨著連續擲出相同的結果，影響下一次出現正面或反面的機率。

但人們在預測投擲硬幣時，反倒容易受之前丟擲結果的影響，看著之前擲出了多次正面，便推論這次擲出反面的機會較大，用直覺代替理性分析，這就是賭徒謬誤。

我們很容易陷進這樣的謬誤中，認為如果其中一面很久沒有出現，那麼在每一輪拋擲中，它出現的機會就會增加。

你我都曾受賭徒謬誤影響

當我們把硬幣的正面想成漲勢、反面想成跌勢，道理仍舊不變——**現在走勢這樣，下次換走勢的機率就高了**——這樣的**賭徒謬誤，在投資人身上屢見不鮮**，卻常有人身陷其中而不自覺。

如同上述舉例的拋硬幣次數，當波段行情啟動、出現急漲或急跌時，大多數的投資人不是空手（淨空持有部位），就是持有反向單，手上留有順向單沒賣的比例非常低。

比如大盤指數大漲 300 點，投資人手上的留倉單大多是空倉部位；隨著漲勢越發凌厲，握有空單的投資人也會越來越多，這是因為原本空手的投資人加入做空，或是原本持有多單的投資人轉成空單。而原本握有空單的投資人，因為受了賭徒謬誤的影響，容易導致凹單甚至加碼空單的情況。

「只要低點沒有買到，又看到盤漲上去了，我就只想等空點做空。」

「很多人說漲久必跌，所以我不敢做多，只想做空或是加空（加碼空單）。」

「已經漲那麼多了，看起來漲不太動，應該準備要跌了。」

以上這些，都是投資人在漲勢盤拉出行情時容易出現的聲音，而且越是續漲，就越會用直覺代替分析，本能的認為接下來走跌的機率，比走漲的機率來得更高。

第 2 節
凹單凹贏，是災難的開始

第二章提到，當沖操作，當下永遠比未來重要，注重當下走勢更可以避免受賭徒謬誤影響，所以凹單是必須改掉的壞習慣。

什麼是凹單？就是抱著賠錢單不賣，明明應該停損卻不停損；但如果是抱著賺錢單，當然就不算凹單。

幾乎所有投資人都凹過單，我以前也不例外；弔詭的是，明明知道凹單的可怕，還是一再有人因為凹單大賠。為何人人都因此受過傷，卻仍然選擇凹單？究竟是什麼因素導致凹單？唯有具體了解原因，才能對症下藥。

根據我的觀察，凹單的原因有下列幾個：

1. 曾經凹到贏。

這是最常見的原因，原本賠錢的單子沒賣，凹到盤面反轉變成賺錢單，這樣的經驗會使投資人本能的認為：「只要賠錢單抱著不賣，下次仍然可以變成賺錢單。」而這樣的想法，無疑是災難的開始。

當我成為老師之後，學生最常問我：「明明賠錢單可以凹到變成賺錢單，為什麼不能凹單？」、「如果之前一產生虧損就認賠退場，不就白賠了？有凹才能沒賠還倒賺吧？」

答案是——這樣凹單凹到贏的經驗，是因為在「盤整盤」和「回測前」（反彈前）這兩個位置進場。

在盤整盤進場，盤整期價格會在一個範圍內上下跑，套牢的單子自然可以順勢解套；至於**在回測（反彈）前進場**的單子，等反彈（回測）後會再回到原本的趨勢，當然也可以解套。

撇開這兩個位置，一旦出現趨勢性行情盤（即大漲、大跌盤）就凹不贏了，凹得越久只會賠得越多。

> 解方：搞清楚之後，若不想再讓自己大賠，就改掉這樣的想法，同時精進操作技巧，並嚴守停損的機制。

2. 對自己的操作太有自信。

有一類極具天分的投資人，經常抓準盤法或者是相對高低點，尤其是在較為單純的走勢中，三不五時就成功預測到，待累積的次數多了，對自己的操作也有了自信。

這原本是件好事，但過度自信下，投資人往往會**擴大操作的口數**；隨著操作口數增加，當盤勢不如預期時，虧損肯定會比先前來得大，也就越難下定決心來停損。

這類型的投資人因為日益積累的自信，容易**陷入確認偏誤**，堅信自己的觀點及判斷，進而不願停損，自然演變成凹單，且往往凹一次都損失慘重。

（註：所謂確認偏誤，是指我們傾向看見自己想看見的，相

信自己願意相信的。當我們認定了一個觀點，大腦會持續尋找證據，來證明我們的觀點正確，同時選擇性忽略那些證明我們不對的證據。）

　　像這樣的投資人我見過不少，連我自己也曾經因為這樣的理由而凹單，實在不可不慎。

解方：世界上沒有任何一個人，可以每天精準的預測到隔天的盤法，勝率再高也會有估錯的時候。學習控制操作的口數，並適度調整對自己的要求，才能享受操作帶來的樂趣！

3. 被盤法（K 棒在盤中的走法）誤導。

　　假破低真上漲、緩漲急跌、洗盤……各種變化多端的控盤手法，都會誤導投資人的操作。

　　比如原本做多的投資人，因為突發的誘空下殺，不敢再做多甚至轉做空，看到盤面又轉而上漲，卻不敢再做回多單，凹著賠錢的空單不敢賣，像這樣的情況時常發生。

　　尤其台指期有月結算的機制外，還有選擇權的週結算，人為控盤更加明顯（註：選擇權亦是交易商品。月選擇權的結算日和台指期是同一天，週選擇權則是每週三結算，若星期三剛好遇到假日，就順延至次一交易日結算）。

　　像下頁圖表 3-1 這樣跳空（出現缺口）就回洗、拉高也回

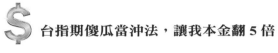
洗，最後拉高週結算的盤，投資人往往前面就算沒因震盪被洗出場，中間也容易因做多虧損而轉做空，碰上後面兩次跳空回洗，更是常抱著空單不敢賣。

其實，盤這樣洗來洗去的用意，為的是要拉高結算，是一種用來扭轉投資人看法的控盤手法。

圖表 3-1　盤法變化多端，容易使投資人凹單

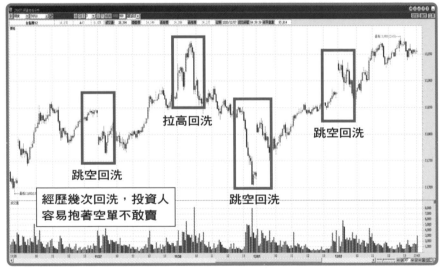

資料來源：統 eVIP 全球版。

> 解方：多熟悉盤法及順勢操作之外，理解洗盤是常見的現象，做台指期就做台指期，關注當下的走勢，別把焦點放在揣測結算位置，就不會被誤導了。

4. 籌碼的陷阱。

　　絕大多數操作台指期的投資人，都有觀察盤後籌碼（三大法人動向）的習慣，但盤後籌碼所透露的訊息，並不會完全與隔天的漲跌一致。

　　例如 2020 年 8 月 20 日（見圖表 3-2、下頁圖表 3-3 的 A 點）外資賣超 146 億元，期貨多倉部位同步出現減倉，但隔天開盤跳漲超過 150 點，當天的下午盤開盤仍低於 8 月 20 日的收盤價，也有出現回壓的情況。

　　如果你看到盤後籌碼，並在它往下時追在相對低點，隔天一

圖表 3-2　2020 年 8 月 20 日，三大法人買賣金額統計表

單位名稱	買進金額	賣出金額	買賣差額
自營商（自行買賣）	2,447,887,460	5,345,846,790	-2,897,959,330
自營商（避險）	7,647,094,646	15,139,272,062	-7,492,177,416
投信	2,123,970,100	3,822,755,790	-1,698,785,690
外資及陸資（不含外資自營商）	90,308,201,936	104,978,746,595	-14,670,544,659
外資自營商	15,557,980	16,255,100	-697,120
合計	102,527,154,142	129,286,621,237	-26,759,467,095

單位：元。

資料來源：臺灣期貨交易所。

外資賣超 146 億元

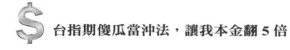

開盤就被套了約 200 點，卻仍然執著相信籌碼轉空而凹著空單，那就悲劇了。

圖表 3-3　盤後籌碼所透露的訊息，不會與隔天漲跌完全一致

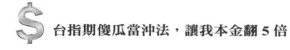

資料來源：統 eVIP 全球版。

有人會說，但是跌那麼多，外資期貨空單增加得不多，而且仍然是多倉，反彈是正常的。

那換看 2020 年 9 月 16 日（見圖表 3-3 的 B 點、圖表 3-4），外資買超 184 億元，期貨多單增加近 5,000 口，達到 3 萬口的未平倉量（見 112 頁圖表 3-5）。這樣透露出強力做多的盤後籌碼，指數還是連跌了好幾天。

圖表 3-4　2020 年 9 月 16 日，三大法人買賣金額統計表

單位名稱	買進金額	賣出金額	買賣差額
自營商（自行買賣）	2,103,366,270	3,477,158,324	-1,373,792,054
自營商（避險）	4,148,034,408	7,481,530,356	-3,333,495,948
投信	2,813,536,119	2,221,398,501	592,137,618
外資及陸資（不含外資自營商）	70,065,334,193	51,591,993,577	18,473,340,616
外資自營商	14,830,320	12,315,980	2,514,340
合計	79,130,270,990	64,772,080,758	14,358,190,232

單位：元。

資料來源：臺灣期貨交易所。

外資買超 184 億元

這時又會有人說，指數之所以仍舊下跌，是因為自營沒有同步做多的關係。但事實上，三大法人（即外資、投信、自營商）經常不同步。

舉例來說，2021 年 1 月 22 日～1 月 29 日，外資連賣 6 天，指數也下跌了 6 天；最初兩天自營買的時候，一樣是跌的（見 113 頁圖表 3-6、圖表 3-7 的 C 點）。至於 2021 年 1 月 20 日（圖表 3-7 的 D 點），三大法人合計賣超（見 114 頁圖表 3-8），隔天反倒漲了 400 點。

當然，推崇籌碼的人會說，還有許多數據要一併觀察，但先

圖表 3-5　2020 年 9 月 16 日，期貨契約交易口數與未平倉餘額

		商品名稱	台股期貨		
		身分別	自營商	投信	外資
交易口數與契約金額	多方	口數	24,715	1,669	71,317
		契約金額	63,936,371	4,305,989	184,211,776
	空方	口數	25,497	525	66,327
		契約金額	65,929,321	1,354,473	171,416,963
	多空淨額	口數	-782	1,144	4,990
		契約金額	-1,992,949	2,951,516	12,794,814
未平倉餘額	多方	口數	18,440	6,868	57,473
		契約金額	47,473,610	17,723,561	148,312,917
	空方	口數	6,788	41,568	24,945
		契約金額	17,458,218	107,270,381	64,322,553
	多空淨額	口數	11,652	-34,700	32,528
			30,015,392	-89,546,820	83,990,364

單位：元。

資料來源：臺灣期貨交易所。

未平倉量達 3 萬口

多單增加近 5,000 口

圖表 3-6　2021 年 1 月 22 日～29 日，三大法人買賣情形

日期	外資	投信	自營	合計
01/29	-346.98	2.03	-40.21	-385.16
01/28	-325.43	15.01	-19.43	-329.85
01/27	-53.06	-4.49	-0.2	-57.75
01/26	-288.57	4.93	-67.55	-351.19
01/25	-209.76	41.26	13.86	-154.64
01/22	-343.51	25.41	12.19	-305.91

外資連賣 6 天　　　自營買入，指數一樣下跌

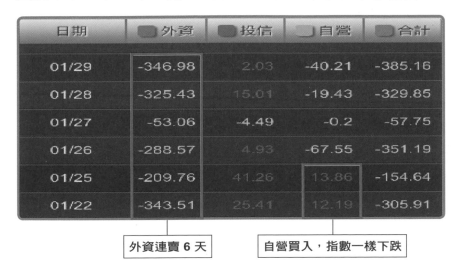

圖表 3-7　三大法人買賣情形，經常與漲跌不同步

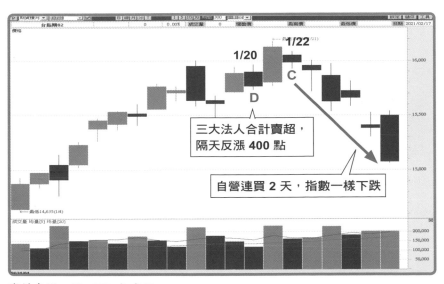

三大法人合計賣超，隔天反漲 400 點

自營連買 2 天，指數一樣下跌

資料來源：統 eVIP 全球版。

圖表 3-8　2021 年 1 月 20 日，三大法人買賣金額統計表

單位名稱	買進金額	賣出金額	買賣差額
自營商（自行買賣）	4,850,393,596	5,758,814,827	-908,421,231
自營商（避險）	6,594,941,516	11,472,977,948	-4,878,036,432
投信	3,404,513,286	2,857,478,928	547,034,358
外資及陸資（不含外資自營商）	112,243,568,228	133,789,078,092	-21,545,509,864
外資自營商	26,145,890	31,009,550	-4,863,660
合計	127,093,416,626	153,878,349,795	-26,784,933,169

單位：元。

資料來源：臺灣期貨交易所。

三大法人合計賣超，隔天指數反漲 400 點

不說各種盤後籌碼透露出的多空數據經常不同步，即便同步了，隔天的漲跌也未必和盤後籌碼結果一致。

過度相信盤後籌碼的話，像上頁圖表 3-7 的 D 點位置，會忌憚盤後籌碼而不敢做多，這樣不但阻礙了自己的操作，在各種數據經常不同步的狀況下，還得費心研究哪個比較可信，辛苦之餘又不一定對，何必為難自己呢？

我不否認盤後籌碼確實有其參考性，可以作為輔助操作，但並不適合單獨運用，畢竟盤後籌碼是公開的，大家都看得到，就

容易被控盤者拿來反向操作，引誘投資人買進或賣出。更何況不論是三大法人也好，大額交易人也罷，盤中及夜盤都有大把的時間可以調節、更動籌碼。

> 解方：不要看到不同於籌碼的結果就找藉口，無形之中會成為凹單的理由。最簡單的方式是先觀察開盤後的走法，是否符合盤後籌碼所示；如果沒有，記得保持警覺性，先尊重盤面，照著盤面的走法並注意有沒有出現反轉訊號就好，別執著於看到的盤後籌碼。

5. 心態錯誤，怕少賺、不怕多賠。

　　我相信很多人看到上面這句會很不服，誰會想要多賠啊？但事實上，**散戶最常出現的操作狀況就是：賺錢單抱不住，賠錢單抱很牢。**

　　這些投資人之所以抱不住賺錢單，幾乎都是因為擔心已經產生的利潤被回吞，看到好像漲不太動就提早離場，這不是怕少賺嗎？而抱著賠錢單的投資人明明看到越賠越多，心裡想著不想再繼續賠下去，卻又不停損，覺得有翻盤的機會，放任單子越賠越多，這不就等於不怕多賠嗎？

　　我們換個例子來看（見下頁圖表 3-9）：假設你是兩間店的業主，一間生意很好，另一間仍在虧損，有天突然需要一筆資金，必須將店面頂讓，你會頂讓哪家店？

圖表 3-9 你會頂讓虧損的店，還是生意好的店？

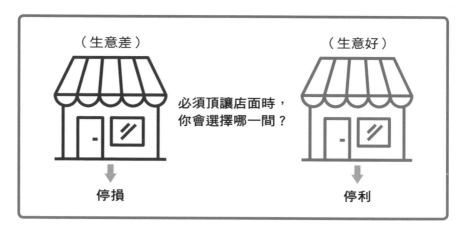

大多數人都會選擇頂讓虧損的店來止損，並讓生意好的店面繼續為你賺錢，但換到台指期操作就忘記這個基本原則，甚至許多股票族也經常如此，實在很可惜。

> 解方：記得提醒自己：「操作寧可少賺，也別多賠。」當手上握有賺錢單，即使判斷不夠快速，等到它真跌了再賣也不要緊；但手上有賠錢單時，就要果斷停損出場，別讓它有機會越賠越多。

6. 怕認賠後盤勢又反轉。

這是凹單的投資人最怕出現的情況，也是最大的顧慮，尤其是曾經因為洗盤 K 被洗出場，而錯失一段行情的投資人，更容

易因此選擇凹單。但會有這樣的顧慮，最主要的原因就是對於盤勢的掌握度不足。

解方：精進對盤法的掌握度以及操作技巧，並設定好SOP，知道自己何時該進、何時該退。

7. 資金配置不當。

許多投資人習慣壓重倉，一旦行情與手上部位走反向，又沒有即時停損，只要虧損稍微擴大，停損就會造成保證金不足，無法再下單或操作相同的口數，導致投資人不願停損而凹單。

重倉操作會造成沉重的壓力，影響投資人的判斷及操作靈活度，尤其是無法盯盤的投資人，更要避免重倉操作。

解方：要在投資市場上長存，做好資金配置相當重要，還不懂如何配置資金就先別急著進場。

8. 消息面引發的確認偏誤。

這比較常在新手身上看到──因為經驗累積不夠多，低估風險的可能性及程度、只看自己想看的，導致平時沒有預做準備，或在產生虧損時輕忽嚴重性、缺乏應變能力，接著考慮到停損所付出的成本太大，進而選擇凹單。

解方：重大利空或利多消息出現時，請保持警戒心，並養成先觀察盤面的習慣。面對越重大的消息，盤面就更該如實反映，只要沒有，市場就越容易反其道而行。例如 2016 年川普當選美國總統時不跌反漲，還有 2020 年以來疫情帶來的新高點，都是如此。

絕對不能凹單的兩大理由

前面我們知道了投資人為何會選擇凹單，進而造成虧損，不過還是會有人心存僥倖，覺得偶爾凹一下沒關係。但基於兩大理由，我必須再次告誡各位，絕對不能凹單！

一、就怕凹單成習慣，結果遇到行情盤被抬出場。

前面已經說過，之所以有投資人能夠凹單凹贏，是因為他們在兩個位置進場，分別是**盤整盤**（見圖表 3-10）及**回測前（反彈前）**（見圖表 3-11）。接下來我再用圖解說明一次，加深大家的印象。

如果去掉上述兩個位置，而是在大漲或大跌前進場的反向單，那怎麼凹也凹不回進場的價格；曾經凹贏的經驗會告訴你：「凹一下沒關係。」遇到趨勢行情盤時，就容易放任虧損擴大，覺得會像先前一樣，能夠凹單凹回來。當養成這樣的壞習慣，若

圖表 3-10　盤整盤進場，有機會凹單凹到贏

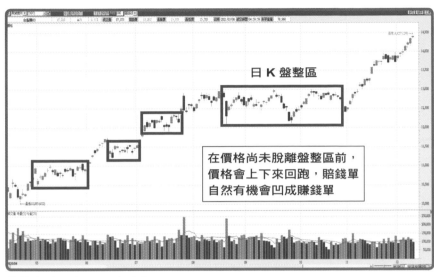

資料來源：統 eVIP 全球版。

**圖表 3-11　回測前（反彈前）進場，有機會凹單凹到贏
　　　　　　（以回測前進場為例）**

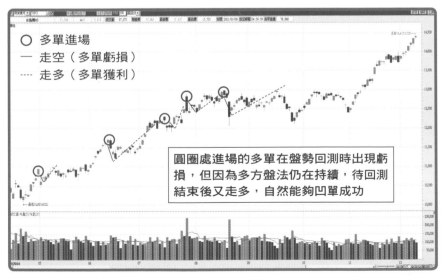

資料來源：統 eVIP 全球版。

圖表 3-12 2020 年 3 月的下跌行情盤

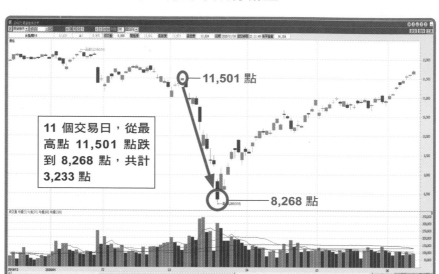

11,501 點

11 個交易日，從最高點 11,501 點跌到 8,268 點，共計 3,233 點

8,268 點

資料來源：統 eVIP 全球版。

遇到如 2020 年 3 月的下跌行情（見圖表 3-12），就會因為凹單被抬出市場，這就是不能凹單的最重要理由。

記得，操作的目的是賺錢，手上有虧損單就違背了這個目的。若進場沒賺到錢，不是方向不對（務必先砍單停損），就是進場的價格不好（一樣先砍掉，等好價格再重進就好），設定一個可容損的範圍，到了就砍，千萬不能養成凹單的習慣。

二、少掉賺錢的機會。

在說明這點之前，我想先請問大家一個問題：如果你要去高雄參加一個重要會議，等你搭上火車才發現，自己坐上了前往臺

北的車次，你會果斷下車改搭去高雄的車，還是乖乖坐到臺北，期待車到了臺北就會南下高雄？

我想，應該沒有人會選擇坐到臺北再說對吧？

我們進一步來思考：如果火車一路開到臺北就停住不動（遇到結算），那不是白白浪費了坐車的時間嗎？要是它直達臺東，那除了等待，不但什麼事都做不了（原本可以做的來回價差都做不了）；甚至就算它真的從臺東開往高雄，會議也早就結束了（結算後才走反向），到達高雄也沒有意義（見圖表 3-13）。

搭錯車就像手上握著賠錢單一樣，期間無論盤面如何來回跑，都沒辦法做價差，只能眼睜睜失去可以賺來回價差的空間及

圖表 3-13　坐錯車時你會選擇換車，還是凹到目的地？

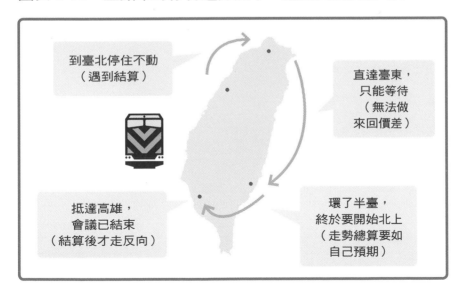

到臺北停住不動
（遇到結算）

直達臺東，
只能等待
（無法做
來回價差）

抵達高雄，
會議已結束
（結算後才走反向）

環了半臺，
終於要開始北上
（走勢總算要如
自己預期）

機會，還得承受被套單的壓力。這樣一想，真的完全沒有必要凹單（見圖表 3-14）。一旦發現坐錯車，立刻下車坐回正確的車次，才是明智的決定。

操作如同人生，生活中明明是淺顯易懂、能夠果斷決定的道理，千萬別換成操作，就做出不合邏輯的選擇。

尤其是做當沖的投資人，一旦凹住單子就失去了能夠做價差的機會，所以維持操作的靈活度及抓轉折尤其重要。但當沖也有不好操作的時候，比如價差空間小，就不利於當沖，其中有種盤法更是容易誤導投資人，我在下一節會詳細說明。

圖表 3-14　多單停損出場換進空單，連下跌段都賺

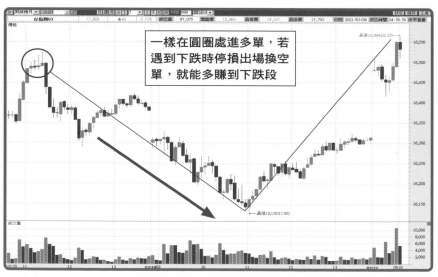

資料來源：統 eVIP 全球版。

第 3 節
「殺人於無形」的盤法
——緩漲緩跌

所謂盤法，即 K 棒在盤中的走法。若對盤法掌握得夠充足，在操作上無異是如虎添翼；但要是不熟悉盤法，則很容易被誤導並判斷錯誤，使得虧損擴大。

台指期有一種盤法，非常容易誤導投資人，那就是——**緩漲緩跌盤**。

緩漲緩跌盤因為波動小，沒什麼來回價差可以做，只能做趨勢，最容易「殺人於無形」，**是當沖操作最不喜歡的走法**。面對這種盤法，不熟悉的投資人經常到快收盤時，才發現不知不覺中竟被套住了那麼多，而且隔天幾乎都是跳空盤。

緩漲盤，讓你做多很有壓力

我們來依序看看 2020 年 11 月 16 日這天，緩漲盤的 5 分 K 走法，大家可以一邊思考，自己看到這個盤法時會怎麼做。（註：K 棒收盤價〔收 K 價〕高於 K 棒開盤價〔開 K 價〕為紅 K，反之則為黑 K。欲了解更多內容，請見 189 頁圖表 4-22。）

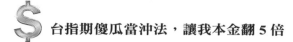
1 ▶ **A 點：**

這個點最容易讓留倉空單的投資人選擇續抱。

看到跳空開高 125 點，原本想把空單補掉，但即時出現的黑 K 帶給投資人希望，想著：「說不定是開高走低，不然再等看看好了。」

而空手的投資人也容易在這根黑 K 出現時進場做空，因為雖然是跳空開高，但並沒有接著漲，反而立刻出了根黑 K。

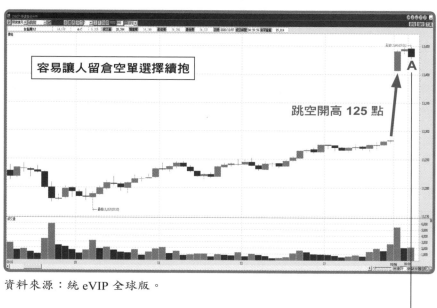

資料來源：統 eVIP 全球版。

2 **B 點：**

時間繼續往後走，可以看到只走了 2 根黑 K 卻沒有跌破當日開盤價，緊接著是帶上影線的紅 K。進短空單且較為敏感的投資人，在看到 B 點出紅 K 時，會小損退場。

B 點的上影線紅 K 會造成上漲有壓力的感覺，接下來的幾根也都先出現回壓且帶有上影線，再加上價差並沒有拉大，所以大多數投資人的空單並不會退場，仍舊預期下跌。

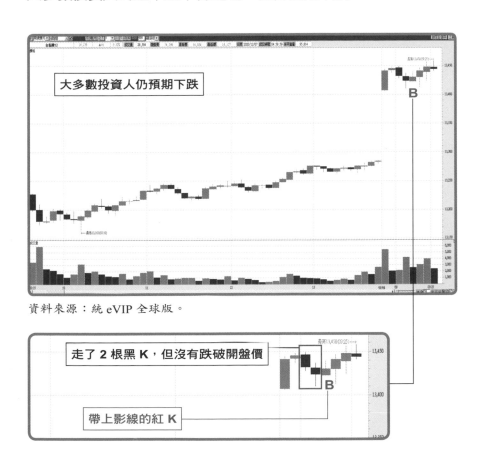

資料來源：統 eVIP 全球版。

125

3 **C 點：**

當出現越過黑 K 的紅 K，會讓另一部分短空投資人及空單留倉的投資人，停損轉做多。

這時候，大部分留空倉的投資人並不會直接停損，而是會開始思考要不要停損轉做多，但又怕停損後盤就殺下來了，或是上網看看有沒有什麼訊息可供參考。然而又因為走了好幾根也就只漲了 20 點，即使覺得不太對勁，還是不停損。

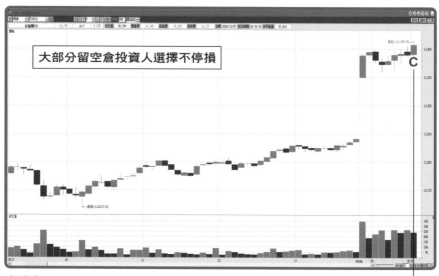

資料來源：統 eVIP 全球版。

4 ▶ D 點：

這時，第二根黑 K 出現，這根還沒有收 K 前是根實體黑 K（註：沒有上下影線的黑 K，亦即開 K 價等於最高價，收 K 價等於最低價，實體紅 K 則反過來）。

前面轉做多的投資人會在這邊多單退場，甚至再轉空；仍抱著空單的投資人會慶幸自己沒停損，甚至在這邊加碼攤平空單；空手的投資人則容易在這根出現時進空單。

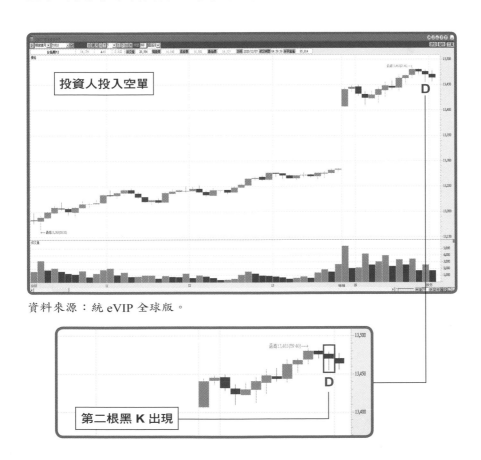

資料來源：統 eVIP 全球版。

5 **E 點：**

出了 3 根小黑 K、就又出 E 點紅 K 之後，第一個框後面的
K 棒根根都帶上影線，一漲上去就被壓下來，再次造成上方很有
壓力的感覺。

6 **F 點：**

雖然又出現實體紅 K，但因為上方就是整數價格，又走了
5 根幾乎不太漲的盤整 K 棒，除了極少數投資人會停損空單之
外，大部分的空單仍然會繼續凹著，期待整數的壓制（整數價格
存在壓力，容易漲不太上去）。

另外，在 E 點進場的多單，不但大部分在第一個框的時間
內就會被洗出場，也會開始準備做空。

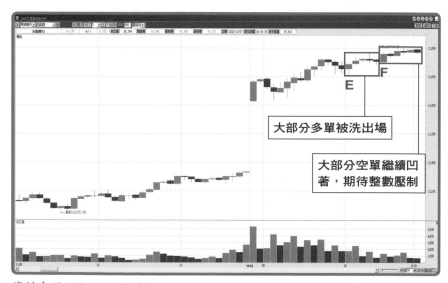

資料來源：統 eVIP 全球版。

7 ▶ **G 點：**

這根 K 棒在告訴投資人，整數價格存在著壓力，使盤勢漲不太上去。除了會吸引投資人進場做空之外，前面沒加碼空單的投資人，最容易在這邊加碼，準備把前面的虧損一次賺回來。

8 ▶ **H 點：**

雖然整數壓制了，但只壓回 30 點，馬上就出紅 K。這樣的走法，使得前面看到黑 K 進場的短空單，要是停利不夠快，待價格回到做空的位置，等於沒賺到，而下一根還是小黑 K。

靠近整數價格又補了根小黑 K，不但會帶給留空倉的投資人希望而繼續凹單，新進場的空單也不願意退場；看到紅 K 進場的多單，則容易看到 K 棒往下收就退場。

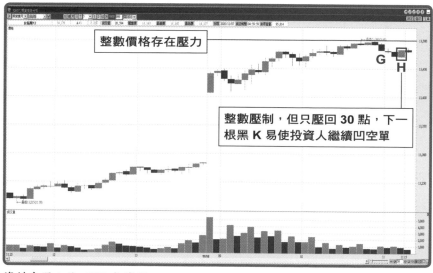

資料來源：統 eVIP 全球版。

9 I 點：

接下來的盤法，走得跟前方框起處幾乎一樣，整數也依然壓制著，尤其是最後這根越過整數又壓下來的上影線黑 K，會帶給投資人希望，本能的認為要跌了，而持續凹空單。看著這樣的 K棒走法，更沒有人願意抱多單了。

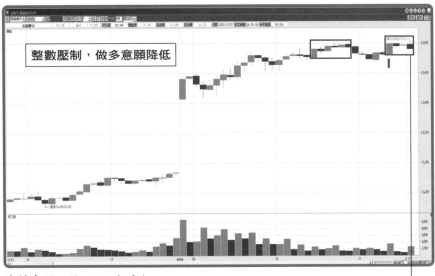

資料來源：統 eVIP 全球版。

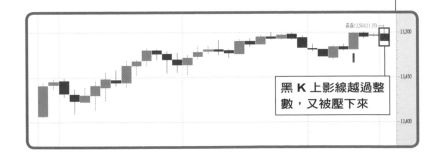

10 **J 點：**

但，盤勢沒續跌，而是出紅 K 後，雖一樣沒把價格直接往上拉，價格卻慢慢漲過了整數價。

較冷靜的投資人，會在上了整數之後認賠出場；但絕大多數的投資人，會開始自責怎麼早盤不直接停損做多，甚至看著 K 棒停損也不是，轉做多又沒把握，就這樣內心煎熬著過了整數將近一個小時，即使怕它尾盤會繼續漲，卻不會去動手中的單子，仍然凹著空單。空手在這個位置進場做多的投資人，也會因為價格沒往上拉開而抱不住。

整整走了快一個小時，才漲過整數十幾點，如此小的漲幅，會加深投資人上方有壓力的感覺，容易讓人失去戒心，期待它只是硬撐在這，等等會殺尾盤。

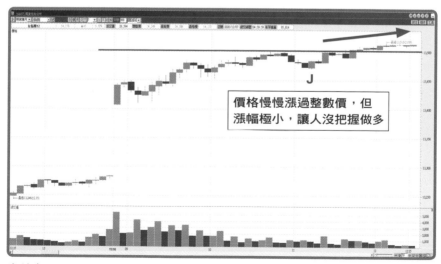

資料來源：統 eVIP 全球版。

11 K 點：

這是根讓凹空單的投資人感到絕望的 K 棒。

有人在這根出現時停損，但對於有加碼空單的投資人來說，停損變得更加困難；有些習慣壓重倉的投資人則會因為來到這邊才停損，造成權益數不足而無法再下同樣口數單；甚至於不敢停損、乾脆關掉軟體不看的，也大有人在。

12 L 點：

空手的投資人會在紅 K 出現後進場做短多，但在 L 點出現時退場（因為它還沒有收 K 前是根黑 K），也會有人在前一根黑 K 就直接退場。

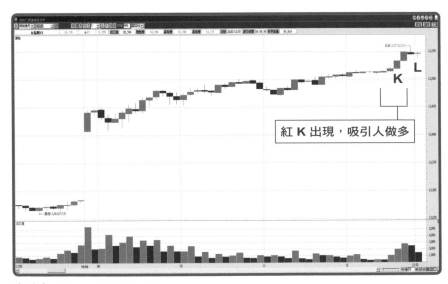

資料來源：統 eVIP 全球版。

13 **M 點：**

最後，這個盤又拉了一小段，收在相對高點 13,582 點，從開盤到收盤足足漲了 175 點。別忘了光是開盤的跳空就有 125 點，若再從前一天的最低點（13,163 點）算起，這樣「看起來」很有壓力的緩漲走法，總共拉了四百多點。

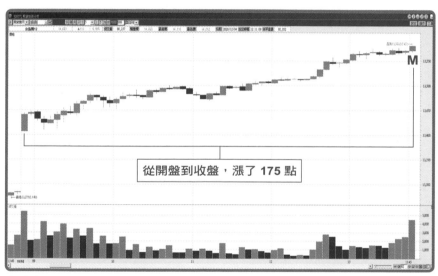

從開盤到收盤，漲了 175 點

資料來源：統 eVIP 全球版。

若在 K 點出現時才停損，儘管已接近尾盤，倒也沒什麼關係，因為緩漲盤的隔天幾乎都是跳空上漲（見下頁圖表 3-15）。

如果夠熟悉緩漲盤的走法，早早就會看到回壓時根本沒有破開盤價，即便是空單，能夠即時發現轉做多，不但可以把虧損補回來，更可以把賠錢單變成獲利單。

回頭看一整天的盤，看起來漲不太動的走法，降低了投資人

做多的信心，轉而提高做空的意願。但當原本波動大的盤面，走法趨向緩慢，投資人往往不太會緊盯盤面，心想虧損也不大，於是容易失去戒心，產生稍微回壓就能少賠點、甚至轉虧為盈的錯覺，反而越套越深。

圖表 3-15　緩漲盤後續走法（2020 年 11 月 17 日～18 日）

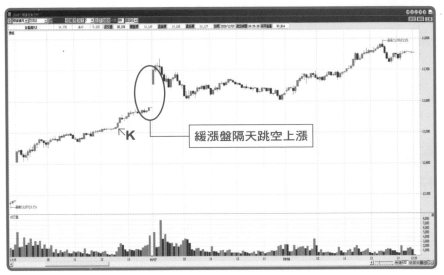

資料來源：統 eVIP 全球版。

破解技巧：緩漲不做空，緩跌不做多

緩漲盤的走法，有個鮮明的特色──除了不疾不徐的緩步墊高，還三不五時會出現幾根黑 K 卻沒怎麼跌，就又緩慢的往上漲，跟「溫水煮青蛙」沒兩樣。

此外，推升紅 K 會出現小補量（成交量），其餘的都是量縮且價差幅度小的 K 棒，力道不連續的延著上升趨勢線慢慢墊高。當你發現漲勢不夠凌厲，可以在 K 棒下方畫條趨勢線，觀察後續走法是否符合上述幾項特點，就可以輕易做出判斷（見圖表 3-16）。

若是碰到緩跌盤，其實和緩漲盤非常類似，只是兩者盤法相反而已。大家只要記住一個重點：**緩漲不做空，緩跌不做多**，因為緩漲緩跌後，經常伴隨急漲急跌。

只要緩漲盤出現，其實不需要問，就會知道大多數投資人都是空單被套，或者是小損小賺，只有少數懂盤法的投資人抱得住

圖表 3-16　畫條趨勢線，判斷出緩漲盤

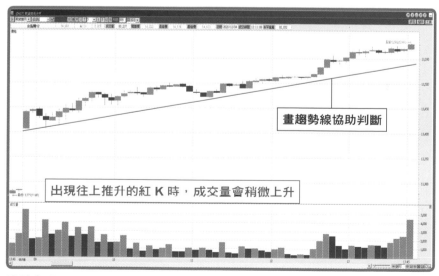

資料來源：統 eVIP 全球版。

多單。

希望在看了本書的範例之後，可以讓各位讀者熟悉緩漲盤的走法，日後能夠避免在緩漲盤反向操作，也可以穩穩的抱住多單獲利。

第 4 節
沒有最佳，只有最適方法

面對投資，大家都希望找到獲利的方程式，在瀏覽網路投資社團時，我也經常看到有人詢問，哪種操作方式比較好。

首先，目前市場上的操作方式包括：技術指標（成交量、均線、KD 指標等）、K 線型態、型態學、框型操作、價位計算、支撐壓力、順勢操作⋯⋯種類實在不少，要全部搞懂也不容易。究竟哪個最好呢？

事實上，這就跟談感情論相處一樣。每個人的個性、習慣、反應力、判斷、資金等條件不同，適合的操作方式自然也不盡相同，所以——適合自己的，才是最好的，畢竟某個操作方式適合他人，不見得也適合你。

看到別人用某個方式做得不錯就跟著做，卻不去探究這個操作方式適不適合自己，甚至到底是不是真的穩定獲利，就盲目跟隨，這是造成投資人虧損的其中一種情況。

不論 A 方法還是 B 方法，
適合你的就是好方法

我們來看看以下兩個真實例子：

一、鮮少出手的穩定型高手。

我有位朋友，平常不操作，每次出手都是等到日 K 盤整來到壓力區（盤整區頂部，又稱框頂）時大舉進多，預期盤勢能夠突破壓力區；一旦發現突破不了，就小賠出場，等待下次機會。

往下靠近盤整支撐區（盤整區底部，又稱框底）時，也一樣會大舉進場做空，預期盤勢能夠跌破支撐區；若進場後支撐區仍然守住，就小賠出場。其餘時間，他都不下單，只專注在盤整區後的突破。

圖表 3-17 中的圓圈處，是他進場後，走勢未突破、小賠的位置，方框處則是進場後有獲利的位置。可以明顯看到，因為盤

圖表 3-17　專注在日 K 盤整區後突破的操作位置

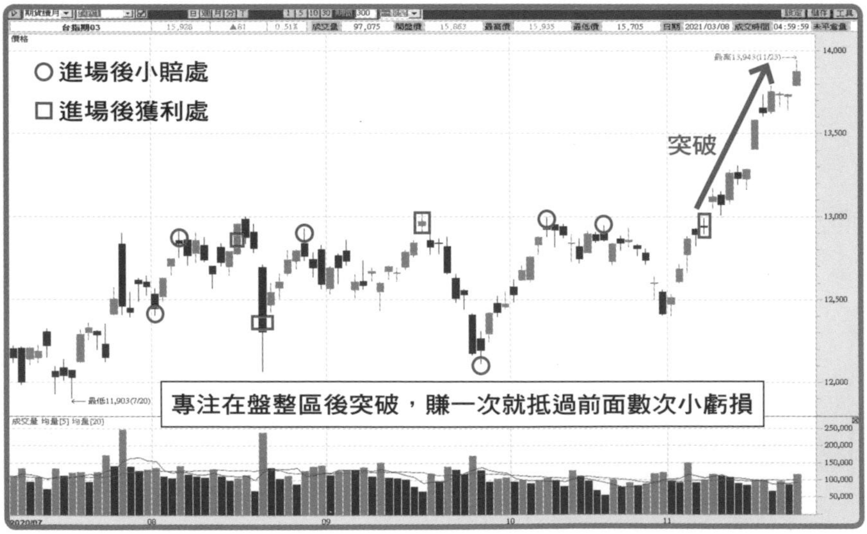

資料來源：統 eVIP 全球版。

整期夠久，他出手的這幾次，只有 2020 年 11 月獲利較多，其餘位置都是小賺小賠，直到確定突破這段，一次就有大筆進帳。

如此一年下來，他出手的次數不多，主要就是賺幾段行情。這樣的操作方式非常明確簡單，**他知道自己要做的就是一年幾次的行情段，其餘時間不做單也不會覺得難受。**

對於部分投資人來說，這樣的時間太過漫長，面對行情尚未拉出去前的小虧損，就已經耐不住性子，甚至懷疑這樣低勝率的方式根本沒用。

然而，如果功力不夠，千萬別迷信高勝率，有人出手十次賺九次，每次都賺十幾點，但一虧損就是一百多點，還不如這種賺一次就抵過前面無數次失敗的操作。

如果你沉得住氣，能夠像他一樣只賺自己想賺的，其他時候無論行情多大，都不會在意，即使突破失敗而虧損也不以為意，那麼這個方式就適合你。

當然，這比較偏向波段單的做法，5 分 K 也可以用這樣的方式去操作，只不過在 5 分 K 的盤整區，出現假突破（突破失敗）的次數會比日 K 還多。

策略：專做盤整區後突破的位置，突破失敗就小賺小賠出場。

適合的投資人：沉得住氣，專注在自己想賺的位置，不介意沒賺到的大行情，以及突破失敗時出場的虧損。

二、經常獲利的大戶。

另一個是早期學員跟我分享的經驗。他跟過一個海期（海外期貨）高手學操作，那位高手擁有資金幾千萬，不過同學只有小資金。

大戶採取的方式是進場之後，如果方向對了就加碼，也就是波段單的加碼方式；方向錯了不直接停損，而是等到反彈回測時再加碼攤平，一旦反彈回測的幅度夠，就繼續加碼攤平，直到補回虧損。所以單看他的對帳單，每筆都有獲利。

很明顯的，大戶是用大資金做小操作。由於他**擁有大資金的優勢**，所以能先投入小部分資金去試水溫，**容損範圍非常大**；也因為資金足夠，才有辦法一直等到反彈回測時，再大比例的加碼攤平。

但隨著虧損幅度越大，想攤平價格的話，加碼的單量也得越大，各位覺不覺得這種操作方式有點眼熟呢？沒錯，這就是凹單！只不過他的凹單是在可控範圍內，但我仍舊不建議。

可惜我的學生並沒有深究大戶的操作方式，跟了一段時間後，發現自己一直在補錢加碼攤平，根本吃不消。最後，大戶仍舊獲利，他卻已經受不了而放棄。

如圖表 3-18 中圓圈處，是他進空單的位置，到方框處被軋（做空賠錢）500 點的位置加碼，到千點的位置再加碼，等到後面跌下來，他就是賺的。然而，被軋到 1,000 點，可不是一般小資金的投資人能夠承受的。

圖表 3-18　運用大資金優勢加碼攤平的操作位置

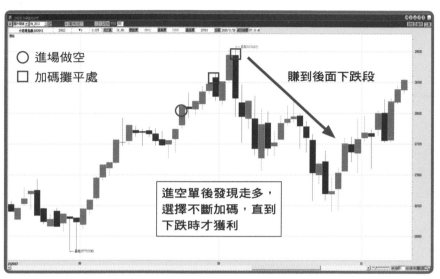

資料來源：統 eVIP 全球版。

> 策略：進場後方向對了就加碼，錯了就趁反彈回測時加
> 碼攤平，直到補回虧損。
> 適合的投資人：擁有大量資金、容損範圍大的大戶。

　　看完以上兩個例子，可以發現兩種方法確實都有其獲利之
道，但如果兩位投資人改用對方的操作方式，肯定也都會受不
了。所以說，找到適合自己的方法非常重要，別看到某某人有賺
就急著跟單，以免得不償失。

　　我自己剛開始投資就大賠，也是因為沒搞懂對方的方式就跟

著做，等自己研究後才知道，原來那樣的方式有其適用的盤法。

　　成為老師後，為了因應各種需求，我不只教一種操作方法，而是讓學生依據自身條件選擇適合自己的，才能運用自如。

　　回到一開始那個問題：哪個操作方式最好？

　　答案是，這些操作方式並沒有優劣之分，也經常可以合併運用，**但無論選擇哪種，都必須先確切了解後進行沙盤推演，再挑出最適合自己的**，並搭配所要操作的價差，才能發揮最大的實質效益。

　　除了找到適合自己的操作方式以外，好好依循自己的準則也非常重要，若是別人怎麼說，自己就怎麼做，往往會造成操作盲點、導致虧損。下一節，我會告訴你有哪些盲點，若能避開的話，操作時就更有機會獲利。

第 5 節
做當沖還是做波段？
想好了就不要改來改去

操作如果沒有可依據的準則，就如同人沒有中心思想，根本不知道自己該如何做，只是隨波逐流。市場的消息、別人的看法、網路的言論……這些外在因素，都會影響操作表現和損益。

以下分別說明這些方式會產生的盲點：

一、當沖、波段，傻傻分不清楚。

有些投資人根本搞不清楚自己要做波段還是當沖。例如本來想做當沖，但聽信波段操作者的停損設置方式，放著短單獲利不賺變倒賠；停損設 10 點想做波段單的也大有人在，然後不明白自己怎麼老是被掃出場。

波段單跟當沖單，兩者不但停損停利的設置不同，操作方式及容許波動的範圍也有所差異（見下頁圖表 3-19）。

當沖可以參考波段單的走勢，但焦點必須放在當沖的短勢。如果太執著於波段單的日 K 走勢去做當沖，虧損是必然的，畢竟多頭盤亦會出現回測，空頭盤也會有反彈。換言之，**做當沖比波段更要求進場點，如此才具有優勢。**

我們來看個實際例子。

圖表 3-19　台指期當沖與波段的差異

	當沖	波段
定義	當天即完成買入和賣出，不留倉	會留倉，目的是每次買賣間更大波段的獲利
操作重點	注意較低層級的 K 棒，如 5 分 K	注意較高層級的 K 棒，如 60 分 K 或日 K
停損停利的設置	波動較小，故設置的停損停利點數亦較少	波動較大，故須設置較多停損停利點數
容許波動的範圍	較小	較大

　　圖表 3-20 是 2020 年 11 月 9 日的夜盤 5 分 K，當晚最高拉到 13,350 點，隔天日盤續跌到 13,010 點，一路從高檔整整回測了 340 點。

　　這樣巨大的回測幅度下，如果做當沖只關注日 K 走勢，不但賺不到短勢走空的利潤，甚至會因為日 K 走跌，誤以為盤勢要反轉下跌了；要是隔天開盤回壓時去追空或者整天只敢做空，就會錯過緊接而來的漲勢（見圖表 3-21）。然而如果關注的是更短勢的 5 分 K，便能在回測時轉單獲利。

　　接下來，回測完成後才續漲，直到月結算日為止，總共拉了七百多點（見 146 頁圖表 3-22）。

　　那有沒有可能遇到相反的情況呢？當然有可能！接下來，我們換看日 K 在走漲，但盤中一樣出現回測的例子。

　　從 146 頁圖表 3-23 的日 K 可以看到，方框處開盤跳漲，多

圖表 3-20　2020 年 11 月 9 日夜盤到隔天日盤 5 分 K，整整回測 340 點

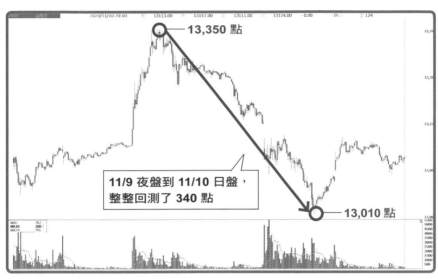

資料來源：群益贏家策略王。

圖表 3-21　2020 年 11 月 10 日～11 日的 5 分 K 盤勢

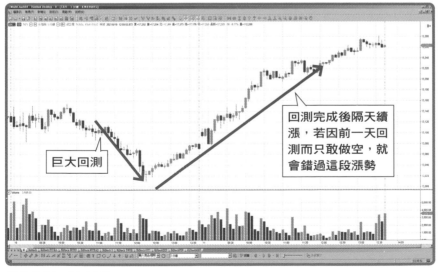

資料來源：MultiCharts。

圖表 3-22　2020 年 11 月的日 K 盤勢

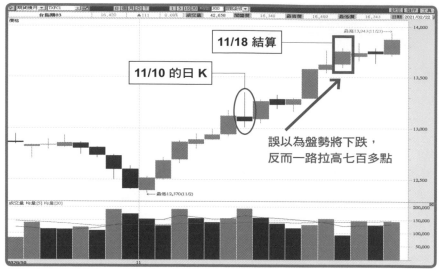

資料來源：統 eVIP 全球版。

圖表 3-23　2020 年 9～11 月的日 K，最後兩天波動看似不大

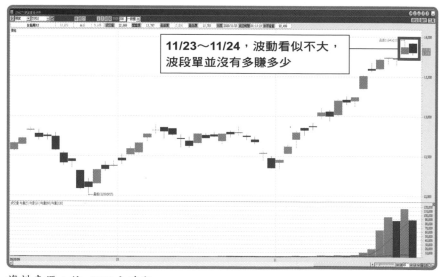

資料來源：統 eVIP 全球版。

方盤法沒變，不過把時間級距縮小成 5 分 K（見圖表 3-24），就會發現走法變動劇烈。

　　依這種走法，波段單在這兩天並沒有多賺多少，但 11 月 23 日當沖的部分，做空完全不亞於做多的利潤；到了 11 月 24 日，一樣出現跳漲，做空的利潤卻遠超過盤中的反彈。要是太執著於波段走勢，導致不敢在盤中做空、只想等回測做多，或是進多的點位不好，往往賺不到什麼利潤。

　　從前面兩個例子可以知道，當沖更該以當天的盤面為主，並不局限非得跟著波段的方向做。

圖表 3-24　2020 年 11 月 23 日～24 日的 5 分 K，可以發現走法其實變動劇烈

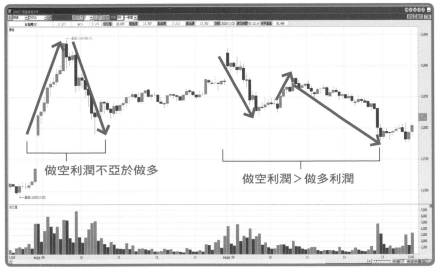

資料來源：統 eVIP 全球版。

二、當沖單變留倉單。

這種情況有兩種，一種是本想當沖，但賺錢單預期還會續漲，所以留倉。這種當然比較沒問題，只不過要有心理準備，即便盤勢仍在走多，也可能開低走高或是壓制型走法，仍須多加注意（見圖表 3-25、3-26）。

另一種則是因為當沖單虧損，又捨不得停損才留倉，期待下午盤或是隔天出現逆轉，這就等於凹單，我非常不鼓勵這樣做。偏偏做當沖，因為賠錢而留倉的人比賺錢留倉的還多，而且大部分情況都是越凹反而賠得越多，簡直得不償失。

無論是賺錢單或賠錢單，既然選擇做當沖，那當天就要沖掉，除非是一些走勢非常明顯的位置（比如緩漲盤隔天通常會跳空上漲），否則就老老實實的遵循自己的選擇。

如果當沖到收盤時手上還有賠錢單，那肯定是進場點不好，或是方向做錯。進場點不好就退場，先精進自己的操作技巧，讓自己可以進在更漂亮的位置；至於方向做錯，就更要先平倉。

還有，既然選擇做當沖，就別羨慕做留倉的跳空利潤，留倉留錯邊，跳空的虧損一樣不少，專注自己要做的就好。

三、搞不清楚自己要做什麼格局。

在本節開頭我就提到，即使是相同的操作方式，也會在不同的投資人身上，產生不一樣的結局，所以最重要的，是選擇適合自己的操作方法——這個道理擺在「格局」也一樣。

絕大多數的投資人，只想知道盤接下來會漲還是會跌，即使

圖表 3-25　留倉單要有準備，隔天不一定會直接往上漲

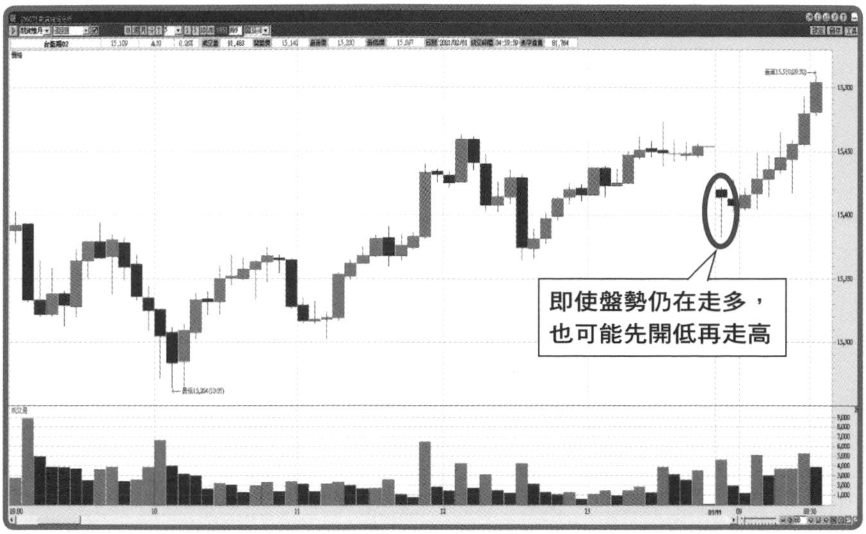

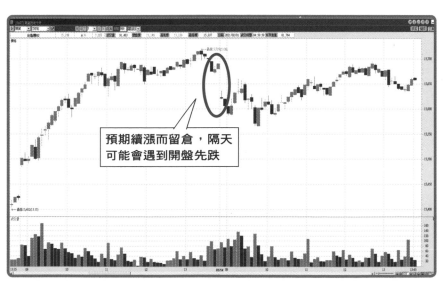

即使盤勢仍在走多，
也可能先開低再走高

資料來源：統 eVIP 全球版。

圖表 3-26　開盤先跌，留倉單在這時反而是虧損的

預期續漲而留倉，隔天
可能會遇到開盤先跌

資料來源：統 eVIP 全球版。

握有多單，盤漲上去了，也不知道該賣在哪裡，拉回要轉空單還是要加碼也搞不清楚，進而影響操作。

做當沖第一個最重要的認知，就是我們要做的是買進賣出的價差，只要進出場有價差利潤，一天不只能進出一次。

在操作之前，必須先搞清楚，走勢有大小波動，你有沒有想過在一個高低點有百點震幅的盤，當沖最多可以賺到多少價差？答案是上千點！沒錯，就是上千點！

以當沖而言，依波動程度的不同，操作的格局也不同。

在第二章我們已經知道，格局就是你要做的價差，當格局越大，操作點數越多，操作次數則跟著減少，且會觀察大致的趨勢（大勢）來操作；相對來說，當格局越小，操作的時間層級越小（小勢），進而使操作次數增加。

換句話說，即使投資人在同一時段操作，也會因為操作的格局和勢不同，影響進退單的次數。而依格局和勢的大小，可分為四種操作：

1. 大格局大勢單→一天只操作 1～3 次。

2. 小格局小勢單→順著盤面的轉折做，盤中出現多少次轉折就做多少趟。

3. 極小格局極小勢單→做單根 K 棒的細小轉折波動價差。

4. 價格跳動的細微幅度價差→一天下來進出超過 300 次（刷單）。（這是最小波動的價差操作方式，進出次數多，每次的價差空間也相對小，是一種積少成多的當沖操作方式。）

對大部分投資人來說，建議用前兩種方式操作當沖：

1. 大格局大勢單。

以趨勢為主要的操作方向，一天操作次數只有 1～3 次，如下頁圖表 3-27 這樣的盤，只做來回各 1 趟。

2. 小格局小勢單。

順著盤面的轉折做，盤中出現多少次轉折，就做多少趟（見下頁圖表 3-28）。

這四種格局操作方式，對應的操作技巧及條件完全不同。搞**清楚自己要做的價差，再學習套用相對的操作方式，才能掌握到自己要做的格局**，不會有賺錢單不知道何時該賣、賠錢單不知道該不該停損的狀況出現。

這一點相當重要，等同於自己操作的準則，卻一直被大多數投資人忽略，以為只要知道今天會漲還是會跌，就能賺到錢。

不知道大家身邊有沒有這種人：賺 100 點時沒賣，感覺盤會繼續走多就捨不得離場，沒想到之後回壓剩 50 點，於是開始懊惱沒有把握機會出場，最後卻一直撐到變倒賠，還是捨不得離場，導致後續越賠越多──像這樣的投資人並不少見。

如果可以先搞清楚自己要做的格局，懂得採取相對應的操作原則，即使轉單的位置做得不夠漂亮，也可以避免賺錢變倒賠。

圖表 3-27　大格局大勢單操作法

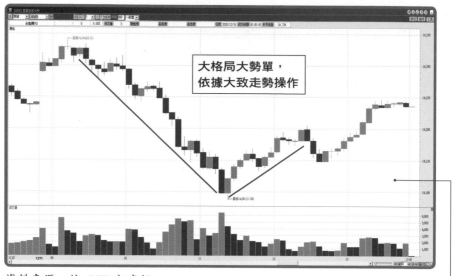

大格局大勢單，
依據大致走勢操作

資料來源：統 eVIP 全球版。

面對一樣的盤，小格局
小勢單的操作會更頻繁

圖表 3-28　小格局小勢單操作法

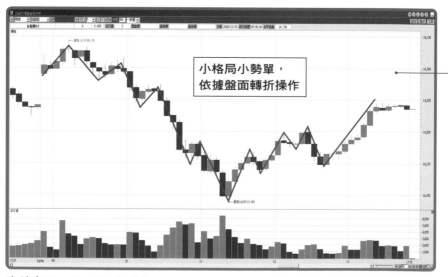

小格局小勢單，
依據盤面轉折操作

資料來源：統 eVIP 全球版。

專於選擇，賺自己該賺的

比較前述方式，可以看到越小格局的操作，需要觀察的波動更小，學習的範圍更廣，且停損停利的設置較小，反應速度也較快。此外，小格局以下的操作都需要盯盤，在不盯盤的情況下，不可能做到每個轉折，這是基本該有的認知。

另外，除了必須看懂 K 棒以外，越小格局的價差操作，所要運用到的輔助技巧也會越多，比如均線、布林通道、價格計算……輔助技巧運用得夠恰當，面對同樣的格局操作方式，可以做到的價差空間也相對更大。

大多數投資人並不會先思考自己要做哪種格局，就急著投入市場，自然無法找到適合自己的操作方式，才會遇到不知道停損停利如何設置的尷尬情況，連帶無法掌握自己的操作，進而難以得心應手。

既然選擇做當沖，就別去想留倉單真好，遇到開盤跳空就直接賺了一大段；既然選擇做大勢單，就別盯著少賺到的來回價差，那不是你要做的價差操作；既然選擇做小勢單，就按照步驟去做，別去管中、長線，那跟你當下的操作沒有太大關係。

這個道理其實很簡單，像是女人挑了個穩重顧家的老公，卻常常羨慕別人的老公風趣幽默；選了個認真工作、不用擔心家中經濟的老公，卻總是埋怨對方沒有太多時間陪伴自己，這樣不是自找麻煩又影響心情嗎？忠於自己的選擇，賺自己想賺的、該賺的，就很足夠了。

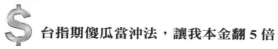

　　希望看完本節後，大家都能夠清楚自己要做什麼樣的格局，進而找到適合自己的相對應操作技巧，那就等同於朝當沖贏家邁進一大步了。

第 6 節

技術分析是最佳輔助工具，
但也有盲點

在投資市場，有許多人會從技術分析開始，我在第二章第 2 節提到的 KD 指標，就是一種技術分析指標。

無論接觸管道是網路、書籍、或是週刊，在這些資訊所提供的完美案例之下，往往有投資人誤以為這些技巧絕對有效，甚至有相見恨晚的感覺，以為只要照著做，就可以快速又穩定的獲利，晉級成為操作的高手。

沒想到，等到實際操作過後，才發現結果並不如想像中那樣順利，為什麼會這樣？

技術分析中所運用的多項技術指標，具有遲滯性，所以有「落後指標」之稱。既然是落後指標，對未來走勢的預測，必然存在誤差，所以各位讀者在運用這些輔助操作工具時，切勿認為它會產生必然的結果，一看到訊號就急著進場、不懂得調整，最後造成不必要的虧損。

接觸過許多投資人後，我發現技術分析有兩個盲點最為常見，分別是：KD 指標黃金交叉就做多，死亡交叉就做空；以及價量關係。

一、KD 指標黃金交叉就做多，死亡交叉就做空。

如果這樣做就會賺，那只要看 KD 指標就不會有人虧損了，現實有可能這樣嗎？當然不可能！KD 指標的 K 值和 D 值（用來觀察價格的走向），你會看、我會看、大家都會看，控盤者當然也會看，而且也知道很多人都會看，這就可能影響結果。

KD 金叉（黃金交叉，K 值由下往上突破 D 值）經常會出現上漲沒錯，但漲不動又轉死亡交叉的情況也不算少見（見圖表 3-29）。

同樣的，KD 死叉（死亡交叉，K 值由上往下跌破 D 值）經常會下跌，但跌不下去又轉黃金交叉的情況也不少（見圖表

圖表 3-29　KD 指標黃金交叉時進場做多，結果沒漲

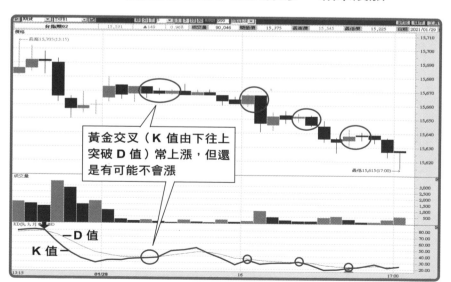

資料來源：統 eVIP 全球版。

3-30）。

　　可以把黃金交叉跟死亡交叉，當成「可以進入轉折的觀察位置」，至於轉折成不成功，要看它反向的力道有沒有續走。如圖表 3-29、3-30 所示，當可以進入轉折的位置，它只出現一根反向 K 或是幾根小根的反向 K，沒有太大的反轉價差，就會轉折失敗。

　　另外，在盤整區的位置，KD 指標的金叉死叉不會有太大的價差空間，它會隨著時間的流逝交替出現，也就是說，不需要太關注盤整區的金叉死叉。

圖表 3-30　KD 指標死亡交叉時進場做空，結果沒跌

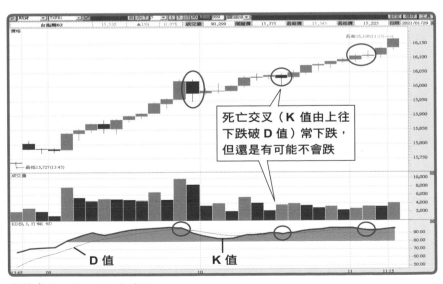

資料來源：統 eVIP 全球版。

二、價量關係。

不少投資人會努力的去背價量關係，及所在位置所代表的各種未來可能走勢，不過以操作台指期當沖來說，這對操作的幫助其實不大，反而容易阻礙操作。

比如經常聽到的價漲量縮（價格上漲、成交量減少），許多資訊告訴我們這表示量價背離，要注意是多頭縮手、漲勢末端的現象，並留意即將轉成空頭走勢。

實際上的狀況呢？量價背離仍然可以有圖表 3-31 中這樣的漲幅，但無論它後續是否下跌，還是影響到了當下的操作。至於反過來的價漲量增，出現機率跟價漲量縮幾乎不相上下。

圖表 3-31　價漲量縮＝漲勢末端？不見得

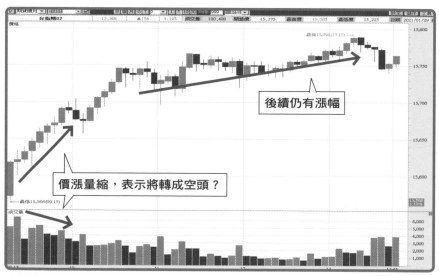

資料來源：統 eVIP 全球版。

　　當然，價量關係的解讀並非完全錯誤，只是提醒大家，它仍會出現像這樣的盲點。

　　還記得我最初在短時間內快速賠掉百萬，主要原因是自己沒有經驗，又盲目相信老師的話：「無量下跌（成交量很少時下跌）肯定跌不下去。」選擇抱著不賣還加碼，才會導致大賠。之所以特意點出價量關係的盲點，也是不希望投資人和我走上一樣的路。

　　當看到量縮下跌還續跌時，就必須提防後續會跌到出大量（成交量較大）才止跌（見圖表 3-32），這是台指期經常出現

圖表 3-32　台指期慣性走勢：跌到出大量（成交量較大）才止跌

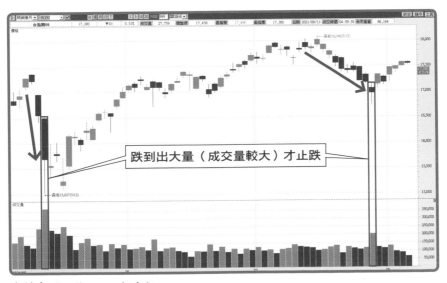

資料來源：統 eVIP 全球版。

的慣性走勢，大家要特別注意。

　　可能有人會想，既然技術分析有盲點，那是不是其實一點用也沒有？並非如此。

　　技術分析作為輔助操作的工具，對於懂得善用的投資人來說，無疑是一大利器，但要懂得運用之外，還必須保持靈活度。技術分析固然能夠幫助提高判斷的準確度，卻仍然不可能百分之百預測走勢，得搭配其他操作方式合併運用，才會更加穩妥，也才能發揮實際效用。

　　如果實在搞不懂技術分析，也可以單純的運用 K 棒操作（詳見第四章的傻瓜操作法），一樣可以做到穩定獲利。但如果搭配技術分析，獲利就能更加優異，展現如虎添翼的效果。

第 7 節
人生需要斷捨離，投資也是

2011 年，日本女作家山下英子的《斷捨離》，在臺灣引起廣大迴響。她的人生整理術概念和弘一大師說的「捨得，捨得，有捨才有得」，雖然兩者含意不同，但把它運用在操作上，其實有異曲同工之妙。

資訊量超載，反而只是看個心安？

在現今社會，接觸投資訊息的管道很多，然而資訊發達是幸也是不幸，如何處理龐大的資訊量，是現代人必須深思的一件事。

在投資人身上有個常見的現象：許多人或許是急於學習，抑或是深怕遺漏了攸關盤面的訊息，經常加了非常多投資社團及群組。不過隨著接收到的訊息越多，「判斷」也越發困難。

本來想做多，卻因為看到討論區傳送的利空消息而不敢下單；本來想做空，卻看到社團的老師看多而作罷。如果有一半的人看空，一半的人看多，那是要做多還是做空？

這樣的情況倒還好。做投資的人都知道，人多的地方不要去，也有不少投資人加了許多臉書社團和群組，是為了看看大部

分的人要做多還是做空，選擇跟他們反著做。如果大部分人都看空，自己就做多，不要站到人多的那邊；然而要是剛好遇上大跌，自然更令人難以接受。

有趣的是，即便一再遇到這樣的情形，卻鮮少有人「退出」討論區或社團。究其原因，是因為對自己的操作沒有信心，深怕錯失了對自己有幫助的訊息，如此一來，不但不會「退出」，反而越加越多。

如果處於學習階段，想多聽、多看，以增強自己的進場前準備工作，並沒有參考那些訊息來操作，這當然另當別論；但對於已經在操作的投資人來說，加入過多的討論區及社團，真的沒有幫助。

畢竟盤中必須專注，心無旁騖的觀察盤法及波動，再帶入操作方式去執行，才能把操作做好。換句話說，為了消化並回應這些訊息，額外花費不必要的精神與時間導致自己分心，根本是本末倒置。

除了討論區及社團之外，LINE、臉書之類社交媒體的訊息以及來電等，都會分散操作時的專注力，應該事先排除。

想不起來的資訊，更不該分神在意

另外，投資人也忽略了自己是否能吸收資訊並思考，要是看得太多、幾乎無法完整消化，事後反倒更容易忘記。

關於這點，我透過學院的教學經驗就有明顯感受。

　　有時候，講了很多次的技巧，仍然有學員記不住，最主要的原因，都是因為在學習當下，有太多外力干擾，比如在觀看教學影片檔時，剛好有電話、有訊息，或是家人的叫喚。如此處於分心的狀態，無法聚焦在學習上，成效自然不盡理想。

　　當我發現這個狀況後，便開始增加實體課程。由於面對面上課就可以免去外力干擾，學員學習的效果相當顯著，可說是突飛猛進。明明是相同的內容，坐在課堂上聽，秒懂、秒會、秒記得，在家裡看影片，卻達不到這樣的效果。

　　但每個人能接收的訊息量都不同，要如何確認自己是否訊息量過大呢？你可以用這個方法來檢測：利用晚上洗澡的時間，想想白天接收到的訊息，無論是社團某人的留言或是 LINE 的訊息，問問自己說得出多少，就能夠知道有沒有確實吸收。

　　研究顯示，資訊量爆炸易導致人們感到焦慮，如果對於白天接收到的資訊，能夠回想起來的並不多，就表示該適時減少資訊量了。

　　把瀏覽資訊的時間放在操作上，回想今天的走法有哪些特殊之處、自己的操作有沒有需要修正的地方，並養成盤後記錄及複習的習慣，對操作相當有幫助。

　　誠心建議各位投資人丟掉多餘的外力干擾，找回自己的專注力──「專心」一定會讓操作做得更好！

台指期當沖女王的獲利心法

「過去的傷痛會留下疤痕，但是你可以選擇逃避，或是選擇從中學習。」

The past can hurt. But the way I see it, you can either run from it, or learn from it.

——山魈拉飛奇（Rafiki），《獅子王》（*The Lion King*）

第 四 章

只要觀察 K 棒，
簡單賺到大行情

第 1 節

當沖該懂的盤勢和
操作三原則

　　台指期的操作週期分為短、中、長線，而當沖操作，既然在同一天就完成買賣，自然不需要太關注中、長線，**主要關注短線的走勢，畢竟要賺的是當天的價差。**

　　另外，因為會控制結算週期的價格差距，所以除了要留意從月結算之後開始的**當月台指期主要走向**之外，是否會在當日的**盤中出現轉向**，也是當沖操作必須觀察的重點之一。

> **當沖操作→觀察小趨勢（以短線為主）、**
> **當月主要走向、當日盤中轉向**

　　台指期日盤的開盤時間有 5 個小時，這 5 個小時裡面，K 棒的走法及波動變化包含主要方向走勢，還有其間出現的小幅度波動，這兩種大小走勢的組合即為盤法，也稱盤態。

　　簡單來說，**盤法就是整段走法的各種排列組合方式。**若能熟悉會如何排列組合，自然能夠多空自如，相當有助於操作。

　　不過盤法有著較多變化，對於新手投資人會有一定的難度。

但別擔心，不懂盤法也能做好當沖，我們可以從簡化盤勢開始，接著逐步了解慣性走勢、順逆勢單的差異，秉持操作三原則，循序漸進的練習，即可漸入佳境。

大道至簡——盤勢只分三種

先不管盤法，也不需要區分大小勢，只要知道「**盤勢**」僅有三種勢：**漲勢、跌勢及盤整**（見圖表 4-1）。

當沖只需要養成習慣，去觀察當下走的是哪種勢即可。所有的盤，一定是這三種勢交替出現，沒有例外。

圖表 4-1　盤勢共三種：漲勢、跌勢、盤整

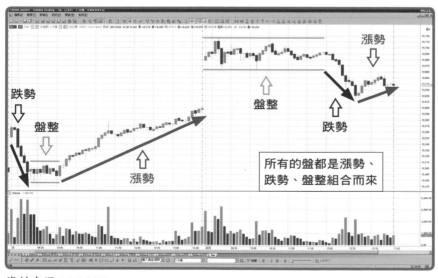

資料來源：MultiCharts。

167

接下來，我會舉實際盤勢來說明，在時間週期、循環慣性、假突破慣性等三個走勢下，漲勢、跌勢、盤整會以何種面貌出現，利於你當沖的判斷。

一、時間週期。

期貨開盤的 5 個小時裡，根據我長期的觀察，上午 10 點 30 分前會直接反應國際股市及消息面，再加上現貨開盤等因素，成交量通常較大。像圖表 4-2 這樣上午 10 點 30 分前，若先出現較大的波動（大漲、大跌或大漲後又大跌。這沒有點數的基準，

圖表 4-2　上午 10 點 30 分前出現較大波動且量縮，後易走盤整

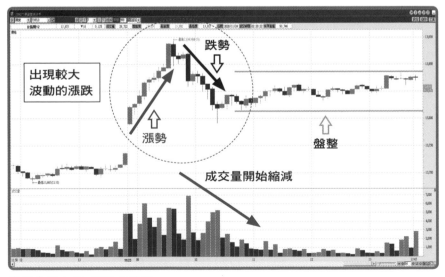

資料來源：統 eVIP 全球版。

因為大盤指數越高，點數波動越大，所以建議投資人多觀察近期平均走勢，這樣對於怎樣的波動對當下指數來說算大，會更有感覺），**成交量開始縮減，剩下的時間就比較容易走緩慢盤整。**

　　這種狀況在「波段反轉」（見圖表 4-3）及「大漲大跌段」時，尤其常出現。

　　而走勢凌厲的大漲盤或大跌盤，情況又會有些不同。

圖表 4-3　波段反轉常出現盤整

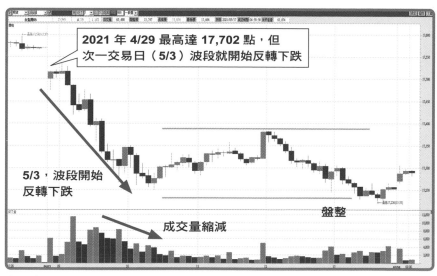

資料來源：群益贏家策略王。

　　● **大漲盤**：盤中回測幅度小（見下頁圖表 4-4）。

　　● **大跌盤**：盤中反彈幅度也小，但會比大漲盤的回測幅度來得大些（見171 頁圖表 4-5）。

圖表 4-4　大漲盤，盤中回測幅度小

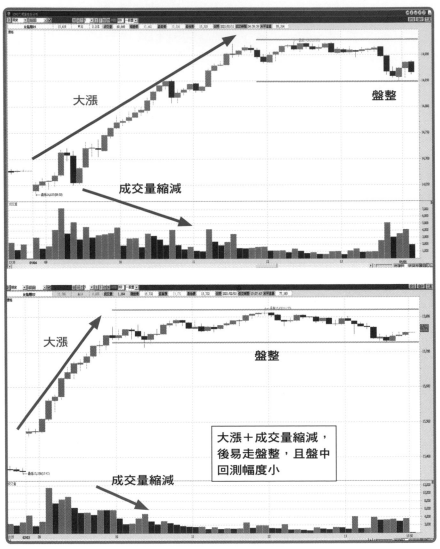

資料來源：統 eVIP 全球版。

圖表 4-5　大跌盤，盤中反向波動幅度小，但略大於大漲盤

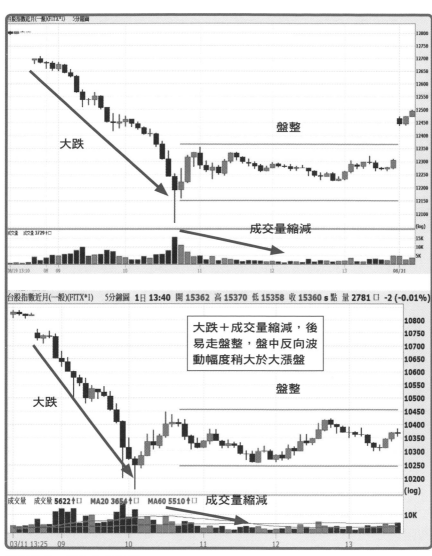

資料來源：XQ 全球贏家。

有些當沖操作者，因而選擇只操作上午 10 點 30 分前的盤，這點我不置可否，畢竟這是個人的選擇。但我還是要提醒投資人，上午 10 點 30 分後也常出現大波動的盤型（見圖表 4-6、圖表 4-7），如果仍能看盤的話，沒有必要畫地自限。

圖表 4-6　上午 10 點 30 分後，也常出現大波動

資料來源：統 eVIP 全球版。

二、循環慣性。

「漲勢、跌勢、盤整」這三種勢除了會交替出現之外，要特別留意三種慣性走法：盤整之後的突破（見圖表 4-8），以及大漲、大跌後的盤整（見 174 頁圖表 4-9、4-10）。

圖表 4-7　上午 10 點 30 分後，其他種大波動走法

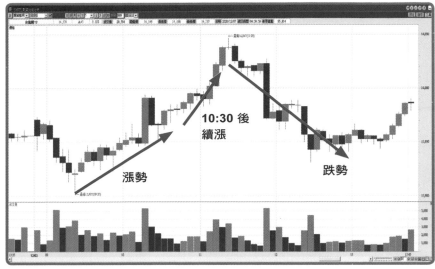

資料來源：統 eVIP 全球版。

圖表 4-8　盤整後突破（5 分 K）

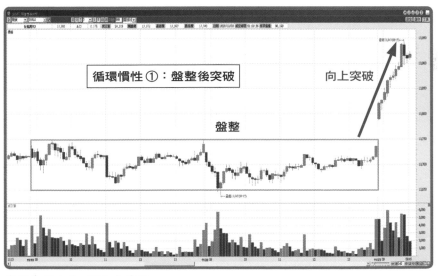

資料來源：統 eVIP 全球版。

圖表 4-9　前一天大漲，隔天接著盤整（5 分 K）

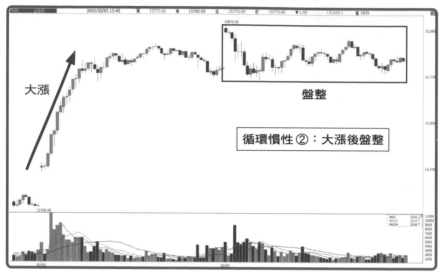

資料來源：群益贏家策略王。

圖表 4-10　前一天大跌，隔天接著盤整（5 分 K）

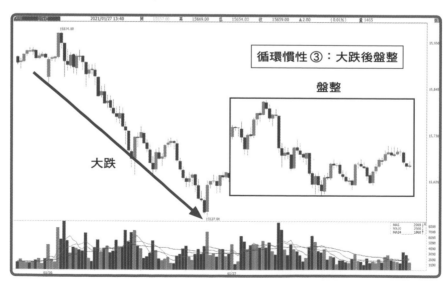

資料來源：群益贏家策略王。

　　相較於 5 分 K，日 K 的慣性更鮮明，趨勢及盤整兩種走法前後出現（見圖表 4-11）。

　　另外，盤整後攻擊有個特色，就是盤整期越久，攻擊力道及漲跌幅也會越大（見下頁圖表 4-12）。

　　當盤整週期拉長，投資人除了容易鬆懈，也會習慣價格區間不大的來回走法；若不熟悉盤整後突破的慣性，一旦突破盤整區，會本能的去抓支撐壓力的位置切入反向單。當後續攻擊力道越強，投資人套單的情況就會越發嚴重，反而越套越深。所以千萬要記得，進入攻擊段時，不可隨意切入反向單。

圖表 4-11　觀察日 K，趨勢及盤整兩種走法前後出現

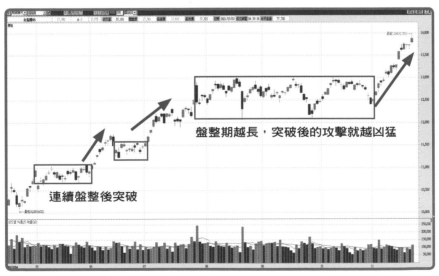

資料來源：統 eVIP 全球版。

圖表 4-12　盤整期越久，漲跌幅越大

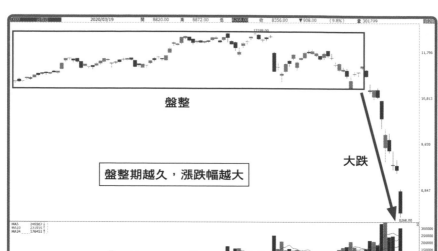

資料來源：群益贏家策略王。

三、假突破慣性。

台指期非常容易出現的另一個慣性走勢，為盤整之後的假突破，也就是**先拉後跌**（假突破真拉回，誘多盤）及**先蹲後跳**（假破低真過高，誘空盤）。

● **先拉後跌**（見圖表 4-13）：顧名思義，表示**先走漲勢再轉為跌勢**（假突破真拉回）。因為先走漲並突破前高，易吸引投資人做多，故又稱為誘多盤。

● **先蹲後跳**（見圖表 4-14）：和先拉後跌相反，**先走跌勢再轉漲勢**（假破低真過高）。由於先走跌並突破前低，易吸引投資人做空，所以又叫做誘空盤。

圖表 4-13　誘多盤：假突破真拉回

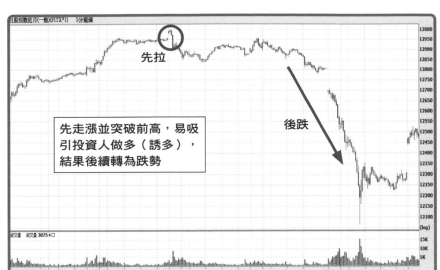

先拉

先走漲並突破前高，易吸
引投資人做多（誘多），
結果後續轉為跌勢

後跌

資料來源：XQ 全球贏家。

圖表 4-14　誘空盤：假破低真過高

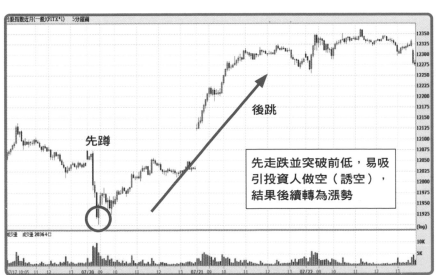

後跳

先蹲

先走跌並突破前低，易吸
引投資人做空（誘空），
結果後續轉為漲勢

資料來源：XQ 全球贏家。

假突破是一種洗盤的走法，先進行誘多誘空的假拉高或假破低，才走主方向的反向攻擊。反向走勢往往快速凶猛，對假突破沒有心理準備的投資人，容易反應不及而被套牢，須特別留意。

既然有出現後就走反向的假突破，也有出現後會繼續過高（破低）的真突破，兩種出現的頻率都相當高，也是投資人比較難判斷的位置。除了可以藉由盤後籌碼的變化、價格計算及技術指標作為輔助判斷之外，最簡單的方式就是採用：

1. 怜式交易聖杯「等它一下」：不要判斷！等它一下！觀察突破之後，價格有沒有續走，若是真突破，自然會進入攻擊段；如果突破後就不再續漲續跌，那就是假突破。讓走法告訴我們，它是真的抑或假的，不要自作主張的去切入反向單。

2. 型態：帶入 N 字走法（詳見第二章第 3 節）操作，無論真、假突破，都可以操作自如。

不過無論走勢如何變化，要知道，盤勢就只有三種：漲勢、跌勢、盤整（見圖表 4-15）。

順逆勢單有差異，被動操作難度低

依操作的切入方向，可以分為順勢操作及逆勢操作，手上的部位則稱為順勢單及逆勢單。

● **順勢單：**操作的方向跟當下的走勢相同，屬於被動式的操作方式，不預判走勢，會跟著盤勢的方向直到盤勢出現反轉為止，也就是順勢操作。例如：在跌勢中買進空單。

圖表 4-15　無論走勢如何，盤勢一樣只有三種

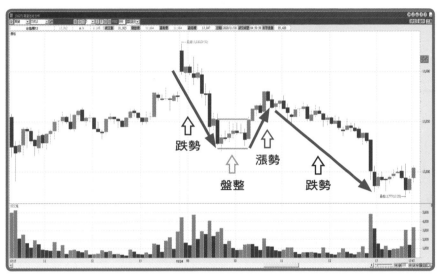

資料來源：統 eVIP 全球版。

● **逆勢單：操作的方向跟當下的走勢相反**，屬於主動式的操作方式，預測走勢將反轉，會在認為將止勢反轉的支撐壓力位置買入反向單，也就是逆勢操作。例如：在跌勢中買進多單。

操作都有風險，只要能夠遵守 SOP（如何制定？詳見第二章第 4 節），順逆勢單的風險都一樣。

但逆勢單必須預測走法，鑑於各項影響判斷的因素眾多，易增加投資人判斷難度，一旦掌控不佳，經常錯失行情，抑或是增加不必要的虧損。所以**投資人應該先採用最簡單的順勢操作，等到操作經驗及操作技巧足夠了，再學習比較困難的逆勢操作。**

三種盤勢＋順勢操作＝操作三原則

既然只有三種勢，再帶入順勢操作，便能得出：「**漲勢做多、跌勢做空、盤整來回做**」，這就是操作三原則。

每次只要提到這三個基本原則，投資人總會拋出訝異的眼光，眼神透露出的訊息不外乎是：操作哪有這麼簡單？誰不知道上漲就做多、下跌就做空，但又不一定會繼續漲或繼續跌，要是買在反轉點怎麼辦？

投資人會有這樣的疑慮，與以往的操作經驗所造成的心理障礙有關。導致投資人無法認同操作三原則的因素如下：

1. 預測不到未來走勢：在操作時，投資人無論看到當下的走勢如何，仍免不了去思考接下來會怎麼走，本能的沙盤推演、分析判斷、甚至是「感覺」，如此過度揣測後續走法後的結果，卻時對時錯，自然而然會把操作想複雜了。

> 解方：既然已經從經驗中知道自己預測得不準，那就捨棄預測的習慣，先從最簡單的順勢操作做起。

2. 切入點不夠好：撇開乾脆的趨勢行情盤，所有盤型都會是「三種勢」交替出現，在來回波動的過程中逐步往上墊高或是下跌。倘若對走法的掌握度不足，反應又不夠快速，經常等到走了

一段的反彈或回測才進場，這時往往已接近反彈或回測結束的反轉點位置（見下頁圖表 4-16），一買進就虧損，當然不認同。

解方：加快反應的速度及調整切入的位置點，讓進出場位置更具有優勢。

3. 常遇到反向跳漲、跳跌：漲勢盤也會有回測，跌勢盤也會反彈，這是常態。再加上台指期很常跳漲跳跌，不管是漲勢盤隔天出現回測跳跌，還是跌勢盤隔天出現反彈跳漲，兩者都相當常見。台指期留倉操作者居多，這些常態性的反向跳漲、跳跌，也會讓投資人難以接受。

如下頁圖表 4-17，可以看到 2021 年 1 月 13 日，實體紅 K 收 15,764 點，隔天開盤就跳跌 59 點，開 15,705 點。

解方：倘若對走法的掌握度不足，就別留倉。

4. 波動太大：盤中台指期的價格，不會很規律的 13,840、13,841、13,842……像這樣慢慢往上增加；買賣盤搓合時，價格會上下跑很正常。

有大量買盤進場時，跳動的速度更快，只要稍加遲疑，價格就跑遠了；當一追買又換大量賣盤進場，價格又瞬間壓回，造成

圖表 4-16　反彈、回測結束的反轉點位置

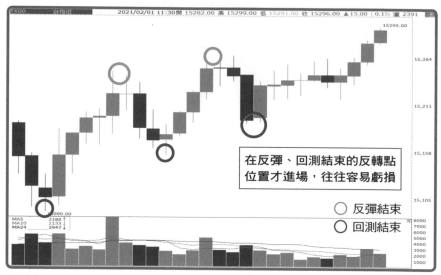

在反彈、回測結束的反轉點位置才進場，往往容易虧損

○ 反彈結束

● 回測結束

資料來源：群益贏家策略王。

圖表 4-17　台指期常見反向跳漲、跳跌

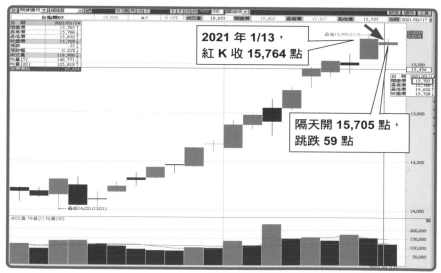

2021 年 1/13，
紅 K 收 15,764 點

隔天開 15,705 點，
跳跌 59 點

資料來源：統 eVIP 全球版。

一根 1 分鐘的 K 棒有幾十點的價差——這種狀況並不少見，而這樣的波動自然會增加投資人判斷的難度。

解方：設定進場準則，並適度容許價格跳動的空間。

5. 曾因假突破而虧損。

解方：建議再複習一次本書 176 頁，了解假突破慣性，「等它一下」再跟著做。

6. 操作沒有準則。

解方：建立自己的操作準則，守住自己能做到的獲利。

反彈、回測、假突破及各種控盤手法，都能夠影響投資人的操作，降低「漲勢做多，跌勢做空」的意願。從歷史走勢可以看到，大漲前的起漲點，往往都是投資人不敢做多的位置；而大跌前的起跌點，也經常是投資人不敢做空的位置。

雖然我們無法控制盤面的走法，但是可以學習操作方法去因應。無論盤法如何變化，請務必記得操作三原則——漲做多，跌

做空，盤整來回做。

當沖新手先學做順勢單

以操作的方向而言，我建議先學會做順勢單，再學做逆勢單。選擇操作的週期也要循序漸進，**先學會做當沖，再學習做隔日沖，接著是短波段、長波段。**

關於操作，要特別記住兩個觀念：走勢都是由小而大；操作週期越短，停損空間越小，虧損壓力跟著小，對新手更友善。以下我會分別說明。

1. 走勢都是由小而大。

2020 年 3 月從 8,268 點起漲，我們來比較一下月、週、日 K 及 5 分 K 線圖，可以發現價差有所差別。

● 月 K（見圖表 4-18）：當然很少有人依據月 K 進場，但可以看到從低點到收月 K 線，價差已拉開千點的差距。

● 週 K（見圖表 4-19）：週 K 的低點到收週 K，也有七百多點的差距。

● 日 K（見 186 頁圖表 4-20）：低點 K 收黑 K，價差近 100 點，加上隔天開漲兩百多點，差距約 300 點。

● 5 分 K（見 186 頁圖表 4-21）：每一根 K 棒的價差差距更小，當沖者盤中就能適時的把握到低點。

圖表 4-18　月 K 線，價差差距最大

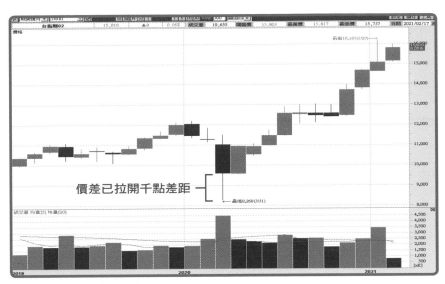

資料來源：統 eVIP 全球版。

圖表 4-19　週 K 線，價差差距次於月 K 線

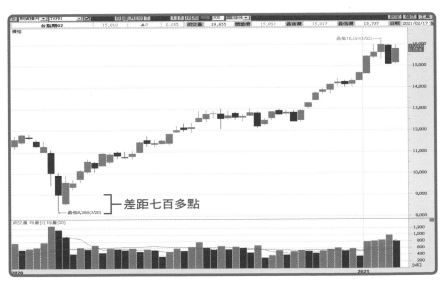

資料來源：統 eVIP 全球版。

圖表 4-20　日 K 線，價差差距再小於週 K 線

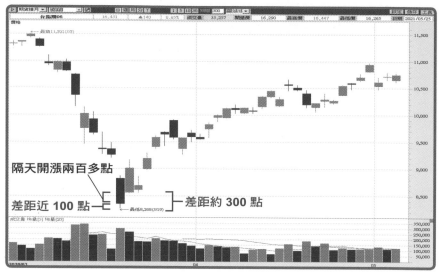

隔天開漲兩百多點

差距近 100 點

差距約 300 點

資料來源：統 eVIP 全球版。

圖表 4-21　5 分 K 線，價差差距更小，且能適時把握低點

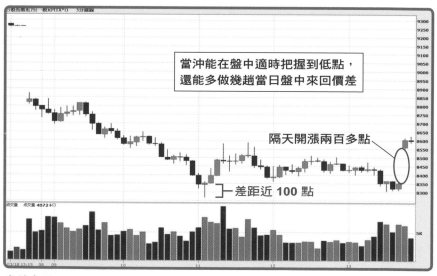

當沖能在盤中適時把握到低點，
還能多做幾趟當日盤中來回價差

隔天開漲兩百多點

差距近 100 點

資料來源：XQ 全球贏家。

走勢都是由小轉折轉變成大轉折，先學做當沖，除了不會錯過好的轉折位置之外，也可以多做幾趟當日盤中的來回價差。

2. 操作週期越短，停損空間越小。

大部分的新手投資朋友，資金比較少，建議先從短線當沖開始，因為**當沖的操作週期短，停損的設置空間小，相對虧損所造成的壓力也比較小**。等到掌握得了變化較多的小波動之後，再轉換成操作大波動，就能駕輕就熟。

反應速度較慢且較能忍受波動空間較大的投資人，一樣建議先練習觀察小波動，並比較較長週期的分時 K 棒（例：15 分 K），熟練後再用週期較長的分時 K 棒操作。

對於新手，我建議從順勢操作開始，看 K 棒告訴你什麼訊息，就跟著走勢做。下一節，我們將進入本書的重頭戲——傻瓜操作法，教你怎麼「只」觀察 K 棒，運用簡單的基礎順勢方法，在漲勢和跌勢都能獲利。

第 2 節
傻瓜操作法，
跟著 K 棒順勢獲利

　　傻瓜操作法，就是「漲勢做多、跌勢做空」的順勢操作方法。什麼是順勢操作？指的是不預測立場、不須思考，採被動式操作，順著 K 棒的走勢做。

　　K 棒代表當下的「勢」，順著 K 棒做，既不預測後續的走法，也不需要其他輔助操作技巧（技術指標、價位計算、籌碼面等），是最簡單的基礎順勢操作，所以稱為傻瓜操作法。

重點 K 棒定義
——漲勢 K、跌勢 K、轉勢 K

　　在運用傻瓜操作法時，只需要觀察漲勢 K、跌勢 K 及轉勢 K 這三種 K 棒即可（見圖表 4-22）。

　　大多數人在解釋 K 棒時，會用開收盤價來標註，看盤軟體上也是；但有鑑於分時 K 棒處於行進中尚未收盤，也非開盤 K，為了避免讀者混淆，本書在講解分時 K 棒時，除了日 K 之外（日 K 的開收盤價就是當天開收盤時的價格），分時 K 棒皆以開 K 價及收 K 價標註說明。

圖表 4-22　傻瓜操作法觀察重點：漲勢 K、跌勢 K 及轉勢 K

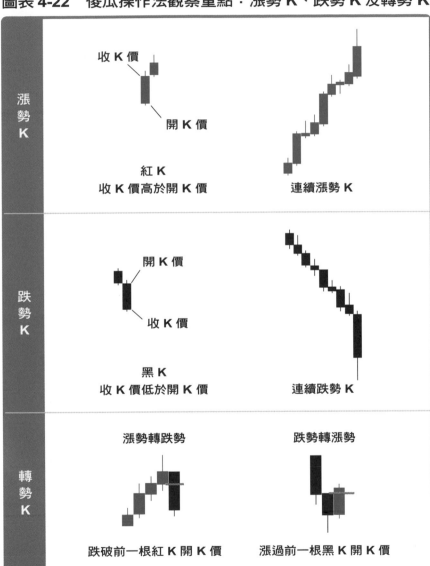

註：本書在講解分時 K 棒時，除了日 K 之外（日 K 的開收盤價就是當天開收
　　盤時的價格），分時 K 棒皆以開 K 價及收 K 價標註說明。

操作準則：跟著 K 棒訊號照做

在運用傻瓜操作法時，首先要觀察當下 K 棒為何，若是紅 K（收 K 價高於開 K 價）就做多，若是黑 K（收 K 價低於開 K 價）就做空。

接下來，多單進場後，如果 K 棒持續有過高沒破低（漲勢 K）就續抱；要是空單進場，就觀察 K 棒是否持續有破低沒過高（跌勢 K），是的話也選擇續抱，直到 K 棒出現轉勢 K（K 棒從漲勢 K 轉成跌勢 K，或從跌勢 K 轉成漲勢 K）再停利退場或直接轉單（多單轉空單，或空單轉多單）（見圖表 4-23）。

這個操作法就是眼見為憑，看到漲勢 K 就做多，看到跌勢 K 就做空，不預判接下來的走法，只要根據 K 棒的訊號，當個傻瓜照著做就好。

觀察 K 棒，以收 K 價、開 K 價為準

轉勢 K 要特別注意：以 **K 棒時間走完的「收 K 價」和「開 K 價」為主**，而不是依據高低點來看。換句話說，尚未收 K 前的轉勢現象，只要收 K 又收回，就不算是轉勢 K。

如 192 頁圖表 4-24 的紅 K，第二根 K 棒在收 K 前有破前一根的低點，但收 K 時又往上收，這樣算轉勢嗎？答案是否。只要收 K 沒有收破前一根的開 K 價，就仍在續走漲勢 K，不算轉勢。

圖表 4-23　傻瓜操作法怎麼做？

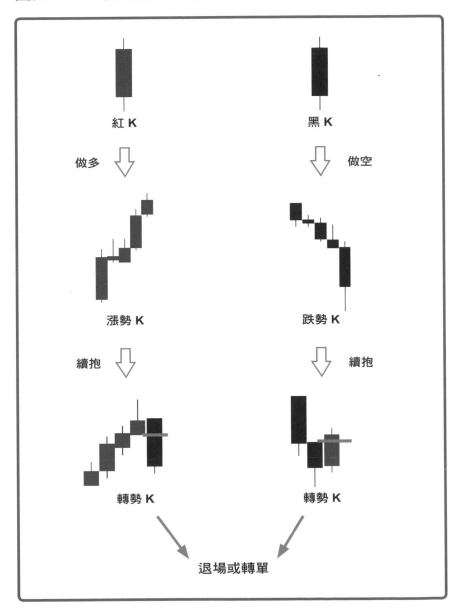

圖表 4-24　（×）轉勢

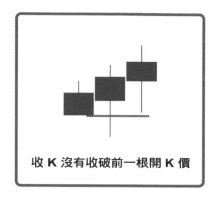

收 K 沒有收破前一根開 K 價

圖表 4-25　（○）轉勢

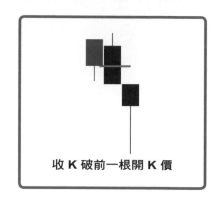

收 K 破前一根開 K 價

那麼圖表 4-25 中間那根黑 K 算轉勢 K 嗎？記住，要以前一根 K 棒的開 K 價及收 K 價為準，去觀察 K 棒是否轉勢，並不是依據前一根 K 棒的高低點。我們可以看到第一根黑 K 雖然收 K 前有往上突破紅 K 收 K 價，但在收 K 時收破前一根紅 K 開 K 價，就仍是根轉勢 K。

停損停利一樣順勢操作

傻瓜操作法要怎麼停損停利呢？即進場後，等到收轉勢 K 就退場或直接轉單（見上頁圖表 4-23），被動式操作。

這麼簡單的操作方式，真的能夠獲利嗎？我們來看看下面三個例子。

（註：實際操作會因為動作快慢，有些許價格的差異，圖表主要目的為講解操作之方法，為免複雜，故省略細節。）

◎傻瓜操作法範例一：

1

從下圖可以看到：

2021 年 1 月 21 日，第一根開盤跳空黑 K 進空單，在 A 點出轉勢紅 K 的時候，空單停損退場（方框處表示虧損的價差），同時將空單轉為多單。

多單抱到 B 點位置時，黑 K 在收 K 前雖然有跌破前一根紅 K 的開 K 價，但之後收 K 往上，並沒有收破紅 K 的開 K 價，所以多單繼續抱著。

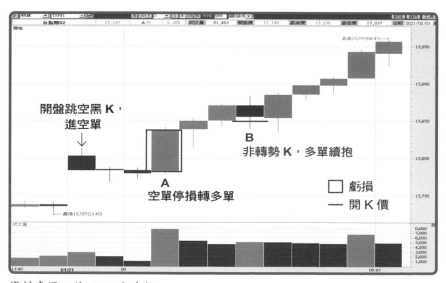

資料來源：統 eVIP 全球版。

2

接著將時間拉長，來看當天後續的盤。

多單一直抱到 C 點前一根黑 K 收破了紅 K 的開 K 價，停利退場，同時轉成空單。但後勢並沒有續跌──當 C 點出轉勢紅 K 又收過了前一根黑 K 的開 K 價，空單停損（方框處表示虧損的價差）再轉回多單。

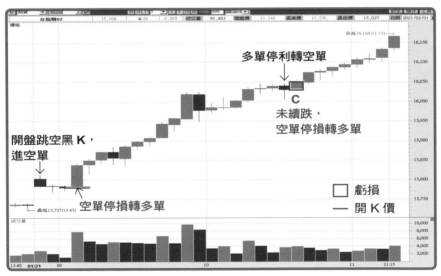

資料來源：統 eVIP 全球版。

3

結果，運用傻瓜操作法在上半場的盈虧（淺色框表獲利，深色框表虧損）如下頁圖。

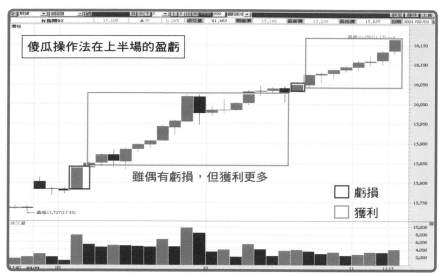

資料來源：統 eVIP 全球版。

4

　　我們繼續觀察當天下半場走勢幾個重要的點（見下頁圖）。

　　● D 點：轉勢黑 K 跌破了前一根紅 K 的開 K 價，多單停利轉空單。

　　● E 點：轉勢紅 K 收過了前一根黑 K 的開 K 價，空單停利轉多單。

　　● F 點：前一根轉勢黑 K 跌破紅 K 開 K 價（多單停損價跟進場價差不多就省略不標），轉空單；F 點又出轉勢紅 K，空單停損（深色框表示虧損價差）再轉多單。

　　● G 點：跟 F 點一樣，前一根轉勢黑 K 多單停利，再轉的空單因轉勢紅 K 虧損，又轉回多單。

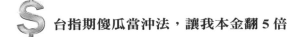

- H 點：轉勢黑 K 跌破紅 K 開 K 價，多單停損轉做空。
- I 點：轉勢紅 K 收過前一根紅 K 開 K 價，空單停利。

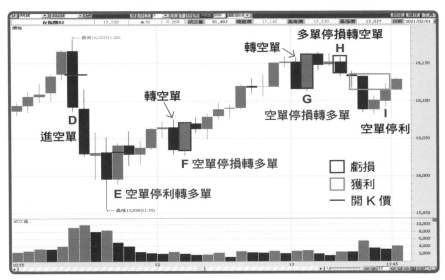

資料來源：統 eVIP 全球版。

5

結果，運用傻瓜操作法在下半場的盈虧如右頁上圖（淺色框表獲利，深色框表虧損）。

6

最後，我們來看看一整個日盤的盈虧如何（見右頁下圖，淺色框表獲利，深色框表虧損）。

雖然採取被動式進退場，進場不夠具有優勢，退場也損失不少利潤，但是這樣基本的「漲做多、跌做空」，不用懂技術分析、不需要學看籌碼、不必會算價格、也不用擔心中途提早下車

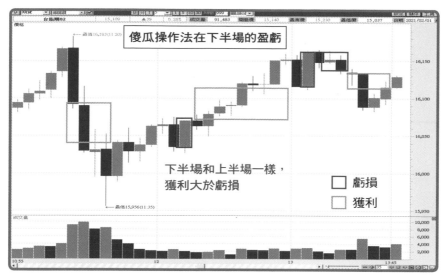

資料來源：統 eVIP 全球版。

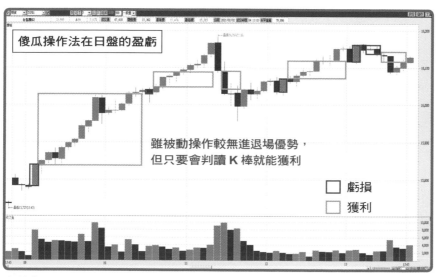

資料來源：統 eVIP 全球版。

少賺，單純只跟著 K 棒做，整個上午下來仍有這樣的獲利，也非常不錯了。

我們接著看看其他範例。

◎傻瓜操作法範例二：

2021 年 1 月 6 日，出現的是來回波動的大盤整走法，淺色框仍超過深色框很多，獲利還是相當不錯。

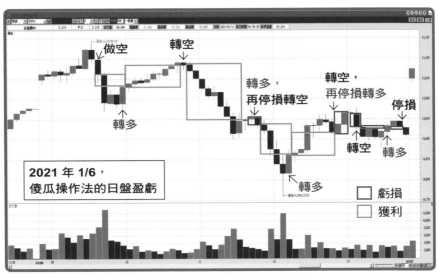

資料來源：統 eVIP 全球版。

◎傻瓜操作法範例三：

2020 年 3 月 12 日，盤從高點 10,765 點一路下跌到低點 10,161 點，共跌了 604 點，期間的 5 分 K 走法，每一根都是有

破低沒過高的連續跌勢 K，直到落底見低後才出轉勢紅 K，第一筆空單就足足有四百多點的利潤；後面的走法，仍然是獲利超過虧損。

面對如此急跌盤，完全體現了順勢操作──「跌勢做空」的重要性！

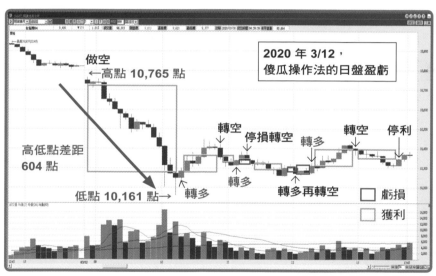

資料來源：統 eVIP 全球版。

不過……聰明如你，理解傻瓜操作法如何運用後，是否也發現了這樣操作的優缺點？如果還沒發現，再重新觀察本章節的範例圖，試著找出來，閱讀的同時動動腦，對內容會更有印象。

（提示：優缺點各有兩個，要是找不到也沒關係，下一節告訴你答案！）

第 3 節
賺到大行情，避開大風險

既然市場上沒有百分之百的「交易聖杯」，也就不存在完美的操作方式，每種操作方式都一定有風險。所以決定採用何種操作方式前，都必須先深入了解，仔細評估優缺點，看能帶來多少獲利空間，又存在多大的風險程度。

此外，是否有改善的空間？能不能發揮其優點擴大獲利，並避開缺點降低虧損？適不適合自己？這些都是考量的重點。

從上一章的範例中，應該有些讀者已經察覺傻瓜操作法的優缺點了，其實非常明顯。

優點：大行情裡外都有優勢

我們先從優點說起。傻瓜操作法的主要優勢有二，一是可以簡單賺到大行情，二是面對大行情以外的盤時，可能小賺、小賠，但絕不會大賠。

1. 賺得到大行情。

這非常重要！

趨勢行情盤的特色，是價差幅度大且行進快速，在漲跌勢快速的趨勢行情盤中，有數根連續漲跌勢 K。排除心理障礙，當個傻瓜，只要觀察漲跌勢 K 是否持續，就能收穫大部分的價差利潤，無疑是傻瓜操作法的一大優點（見圖表 4-26、下頁圖表4-27）。

2. 避開了大風險。

習慣使用傻瓜操作法之後，自然會跟著 K 線的行進方向做，也就不會再出現盤中凹單的情況，等於用這個方法來避開大賠的風險！

圖表 4-26　傻瓜操作法能簡單賺到大行情（如上漲時）

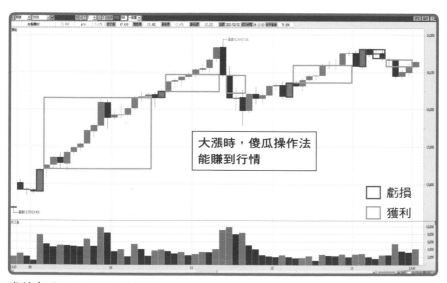

資料來源：統 eVIP 全球版。

圖表 4-27　傻瓜操作法能簡單賺到大行情（如下跌時）

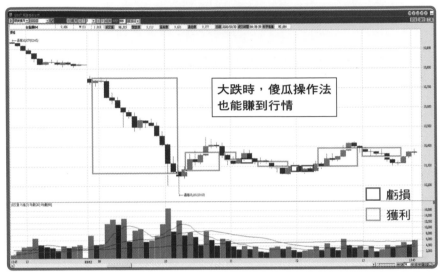

資料來源：統 eVIP 全球版。

 女王台指期小教室

　　事實上，傻瓜操作法還有一個隱藏版優點——傻瓜當久了之後，就能夠輕易判斷出行情盤及盤整盤。

　　有些軟體會提供小台散戶的多空單留倉狀況，每次大漲大跌盤出現後，盤後數據所顯示的散戶留倉狀況，一定跟當天的行情走向相反，即大漲→散戶留空；大跌→散戶留多。

　　行情越大，留倉數就越多，姑且不論軟體的準確度如何，從各個群組或社團裡，都可以見到有投資人因留反向單凹單而大賠，這就是操作必須先學做順勢單的關鍵因素。

缺點：難以把握兩種獲利處

既然操作方法都會有風險，傻瓜操作法當然也不例外。最主要的缺點有兩個，其一是不易運用在過小的盤整盤，其二是要放棄轉折處價差，為什麼會這樣？

1. 遇到過小的盤整盤，容易被巴來巴去。

我把圖表 4-26 的虧損位置，另外標註在圖表 4-28。除了淺色圈處已有連續黑 K 下跌段的價差保護，沒出現虧損外，其餘五個深色圈虧損處，K 棒都是黑紅黑（紅黑紅）的小盤整區。

圖表 4-28　傻瓜操作法在過小的盤整盤，易被巴來巴去

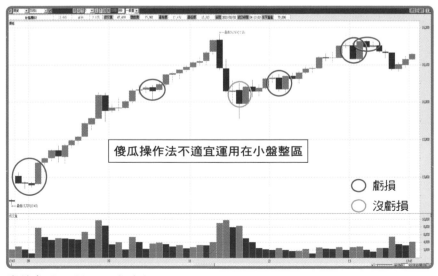

資料來源：統 eVIP 全球版。

經比對趨勢行情段跟盤整段的結果，可以發現落差懸殊（見圖表 4-29）。

圖表 4-29　趨勢行情段跟盤整段的落差懸殊

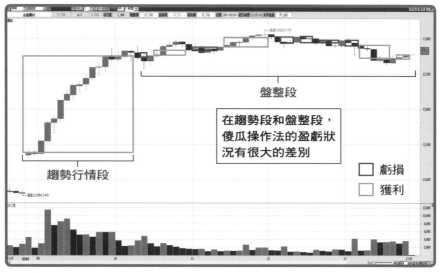

在趨勢段和盤整段，
傻瓜操作法的盈虧狀
況有很大的差別

□ 虧損
□ 獲利

盤整段

趨勢行情段

資料來源：統 eVIP 全球版。

　　我們把小盤整區放大，如圖表 4-30，會發現上檔有壓力、下方有支撐，往上遇壓就又轉勢下跌，下跌有撐就又轉勢上漲，在尚未突破前形成一段平行價格帶的盤整區。

　　待轉勢 K「確認轉勢」才被動進場的傻瓜操作法，代表 K棒一旦連續轉向，就會出現做多被巴、做空也被巴的情況。

　　不同於行情盤的連續漲跌勢 K 較多，盤整區的特色是轉勢K 較多。而哪種 K 棒數量多，決定了傻瓜操作法能獲利多少。

圖表 4-30　一旦 K 棒連續轉向，就會做多被巴、做空也被巴

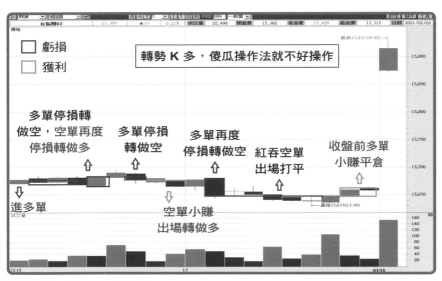

資料來源：統 eVIP 全球版。

　　另外看到下頁圖表 4-31 這段盤整區的走法，仍有連續跌勢 K 及連續漲勢 K，而只要有小連續的「勢」，一樣可以獲利。

　　看完這些，我想各位讀者應該能夠了解，為什麼不用動腦筋的傻瓜操作法，最不適合運用在盤整區了吧。

　　還記得我在第一場講座提過這個重點，講座結束後，一位投資人懊惱的前來告訴我，她很早就學過順勢操作，但不知道為什麼時賺時賠，直到聽完講座內容，才知道原來是盤法的緣故。

　　親愛的投資朋友～再講一次！無論要運用何種技巧，請務必先了解它的優劣勢，不要急就章的學了就用，造成沒有必要的虧損，那就太可惜了。

圖表 4-31　只要有小連續的勢，照樣能獲利

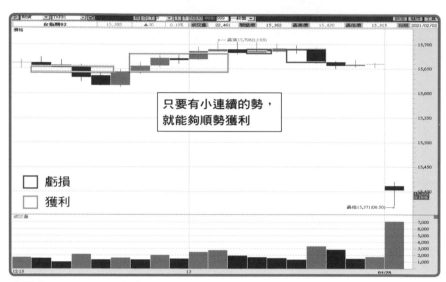

資料來源：統 eVIP 全球版。

2. 無法買在最低、空在最高──要捨棄轉折處的價差。

順勢操作的操作邏輯是：順著趨勢做，讓趨勢告訴我們它要往哪兒走。

像這樣被動的等待轉勢 K 出現，告訴我們趨勢改變了才進退場，當然永遠不可能買在最低點、空在最高點，勢必要捨棄轉折處的價差，頗有一種犧牲小我，完成大我的感覺。只不過，這樣的小我，損失的利潤空間著實不小。

把圖表 4-28 再放大，得到圖表 4-32，我們來看看 A、B、C 三個轉勢 K 的位置及資料。

圖表 4-32　轉勢 K 越大根，損失的利潤空間也越大

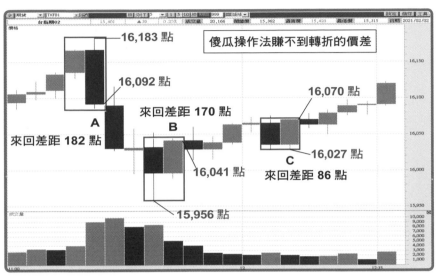

資料來源：統 eVIP 全球版。

● A：高點 16,183 點，收 K 價 16,092 點，差距足足有 91 點，來回就是 182 點。

● B：紅 K 收 K 價 16,041 點，前一根黑 K 低點 15,956 點，兩者相差整整 85 點，來回 170 點。

● C：紅 K 收 K 價 16,070 點，最低價 16,027 點，差距也有 43 點，來回就是 86 點。

> 　A　 B　 C
> 182＋170＋86＝438 → 少賺的來回差距

假設是跟著 K 棒的走法轉單，光這三個位置，退場再進場的點位來回空間就有四百多點，不算則已，一算確實很可惜。

當然，可以剛好在最高、最低點轉單的人不多，我主要是在說明最大的損失價差有多少，方便大家比較。實際上，價格仍在跳動下，損失一定會有落差，但這不是重點，也沒有貶損順勢操作之意，請各位讀者別誤解。

接下來，把到收盤之前的利潤、虧損及損失的利潤都註記起來，結果如圖表 4-33。

黑圈損失的利潤不但超過可獲得利潤，其中兩筆多單的虧損，其實原本是獲利的，卻因採取完全的被動式操作，反而由盈

圖表 4-33　2021 年 1 月 21 日，日盤損益狀況

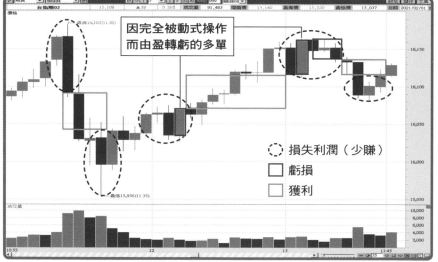

資料來源：統 eVIP 全球版。

轉虧。

　　不過，在這樣的情況下，雖然損失的利潤較多，**整體卻仍是獲利的**。

傻瓜操作法最怕遇到什麼盤型？

　　既然傻瓜操作法不適合運用在過小的盤整盤，且要放棄轉折處價差，那麼傻瓜操作法最忌憚的盤型，便是盤中合併這兩種缺點的走法，即**大根轉勢 K 交替出現、而且走法不連續的盤整區**。

　　例如圖表 4-34 這樣的情況，不但虧損超過了獲利的幅度，

圖表 4-34　大根轉勢 K 交替出現且走法不連續的盤整區

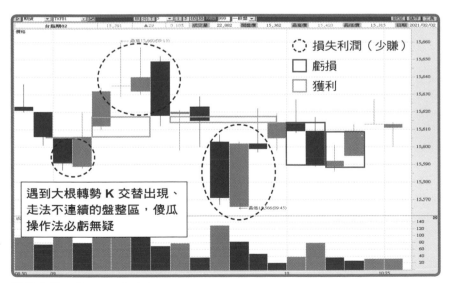

資料來源：統 eVIP 全球版。

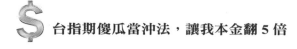

圈起處的利潤損失也非常多。一旦遇到這種盤整區，傻瓜操作法必虧無疑。

可能有人會很疑惑：既然存在著傻瓜操作法也會虧損的盤，為何還要推薦這種操作方式呢？原因有四：

1. 這種位置出現的比例較低。

2. 虧損不會過大。

3. 三種勢會在盤中交替出現，即使盤中出現一段這樣的走法，其他時間還是會有連續型的 K 棒出現，可以用其餘的獲利彌補這段虧損。

如圖表 4-35，縱使前面產生虧損、亦損失不少利潤空間，仍是在小賠的範圍裡，長期操作下來，傻瓜操作法還是獲利。

4. 可以避開盤整區，捨棄盤整區的操作。

除了以上四點原因外，最重要的是──前面提到的兩個缺點是可以改善的！

這一節，我帶各位讀者先了解順勢操作基礎版的傻瓜操作法，接下來要說明的，就是改良版的順勢操作，帶大家進階成為聰明的傻瓜！

圖表 4-35　傻瓜操作法可以用其餘獲利，彌補盤整區的虧損

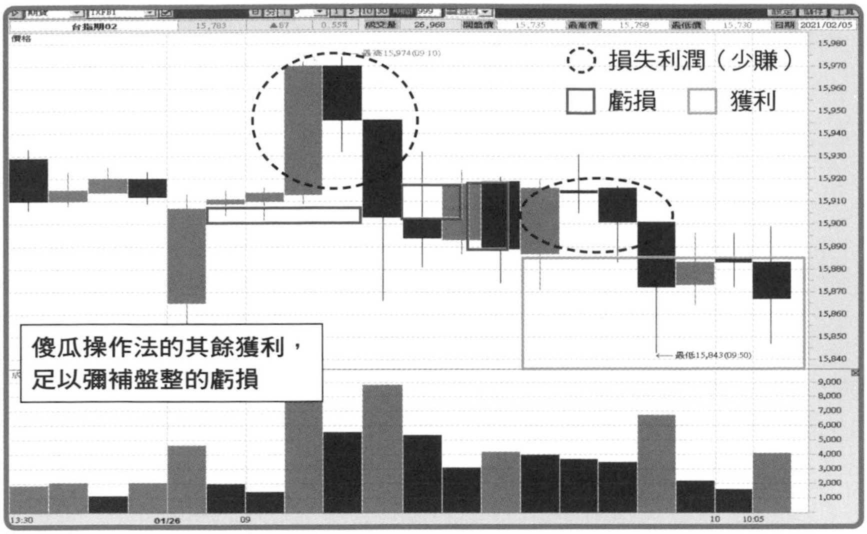

資料來源：統 eVIP 全球版。

第 4 節
傻瓜操作改良版
——當個聰明的傻瓜

　　了解傻瓜操作法的優缺點後，除了善用優點，在趨勢行情盤啟動時傻傻的跟著做；也要記得避開缺點，一旦走法不那麼乾脆，就不要那麼傻了，傻一半就好，當個聰明的傻瓜。

三大方法，因應傻瓜操作法的缺點

一、避開惱人的盤整區。

　　既然擔心碰上會造成小賺小賠的盤整區，那麼直接避開停止操作就好，當然，前提是要懂得辨別出盤整區。辨別方法共有 6 種，分別是：

　　1. **漲跌勢趨緩，價格區間縮小**（見圖表 4-36）。

　　2. 特色鮮明的 **K 棒組合：出現不連續的 K 棒**，比如黑紅黑、紅黑紅（見圖表 4-37）。

　　3. 過高及破低的走法不連續（見 214 頁圖表 4-38）。

　　4. 如圖表 4-38，有較多收 K 前回拉、帶著長影線的 K 棒。

圖表 4-36　漲跌勢趨緩，價格區間縮小

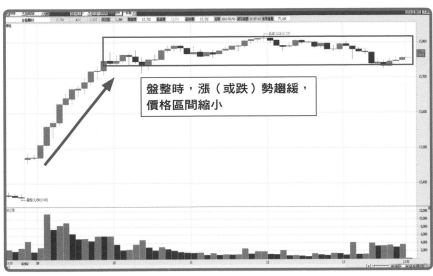

資料來源：統 eVIP 全球版。

圖表 4-37　出現不連續的 K 棒

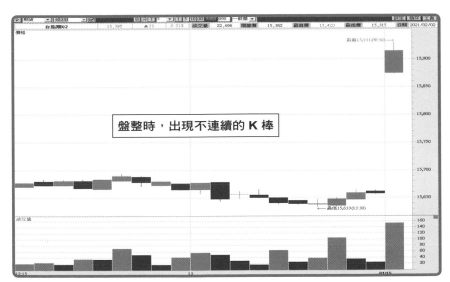

資料來源：統 eVIP 全球版。

213

圖表 4-38　標準盤整區走法：過高及破低的走法不連續

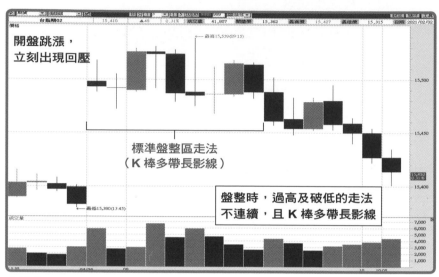

資料來源：統 eVIP 全球版。

 女王台指期小教室

　　從圖表 4-38 中，可以看到開盤跳漲，不過立刻出現回壓，只下跌一根就上收到跟開盤價差不多的位置，接著出紅K 但不再續漲。

　　下一根回測之後，又往上拉收 K，到了第 5 根仍然沒過高，反而往下破了一點低收黑 K，接著不續跌又回拉。9 根K 棒都維持在開盤 K 過高一些及破低一些的位置點，上下來回跑，既不續漲也不續跌，都拉回在差不多的位置。

　　這樣連續 9 根漲跌勢不連續的 K 棒，是很標準的盤整區走法。

5. **轉勢 K 頻繁出現。**

6. **量縮**，這是波動較大的連續 K 後轉盤整的特色（見圖表 4-39）。

新手可以運用上述 6 點特色協助判斷，待操作一段時間後，因為習慣觀察 K 棒有沒有繼續過高破低，可以輕易的從漲跌勢 K 是否續走，來判斷停滯盤整區。

當然，價差空間較大的盤整區，一樣可以做來回價差（如左頁圖表 4-38），也就是操作的第三個原則「盤整來回做」；但這到後續學習逆勢單時再做會比較合適，建議剛開始學習順勢操

圖表 4-39　波動較大的連續 K 後轉盤整，交易量跟著減少

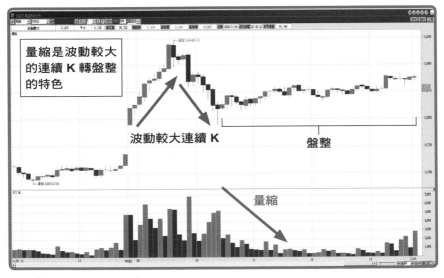

資料來源：統 eVIP 全球版。

作的投資人先避開，以免錯亂。各位也可以利用看盤軟體的繪圖功能，將盤整區的價格框起來，先練習觀察，不要貿然操作。

二、被動式進場＋主動式退場。

　　本來傻瓜操作法講求順勢操作，但有時等到 K 棒走完，終於依轉勢 K 去操作，價格已經落差太大，難免會有投資人感到可惜。這個問題有辦法解決嗎？當然有！那就是維持被動式進場，但調整成**主動式退場，亦即進場等收 K，退場不等收 K**。

　　方法又分成 4 個要點：守前一根的開收 K 價，也就是原本轉勢要觀察的位置；碰到止勢位置先主動停利退場；善用趨勢線作輔助；分段做。接下來我會一一說明。

1. 守前一根的開收 K 價，也就是原本轉勢要觀察的位置。

　　在尚未收 K 前，只要價格越過就停利，不等 K 棒收 K。這樣可以守住轉勢 K 超出的部分利潤，即使守住的價格不多，但遇到較大根的轉勢 K 時，可以減少較多的利潤損失，這樣操作也比較合理，同時持續觀察轉勢 K 的位置（見圖表 4-40）。

　　這是最簡單的主動式方式，當然也由於較簡單，所以能守住的利潤比較少。而且有個重點要特別注意：**主動式停利後，若發現收 K 又維持漲（跌）勢 K 的話，就要再買回來**（見圖表 4-41）。

圖表 4-40　主動式停利

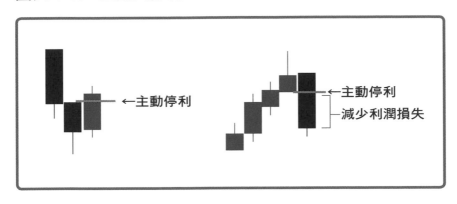

圖表 4-41　收 K 又維持漲跌勢 K，要再買回來

2. 碰到止勢位置，先主動停利退場。

這一點跟避開盤整區相同。漲跌勢一旦趨緩，就表示可能即將進入轉折或停滯的盤整區。我在解釋重點 K 棒定義時提過：

- **漲勢 K**：有過高沒破低→有過高是第一個觀察重點。
- **跌勢 K**：有破低沒過高→有破低是第一個觀察重點。

還記得操作三原則嗎？沒錯，就是漲做多、跌做空、盤整來回做。同樣的邏輯，我們做多是做它會漲，做空是做它會跌，所以，**當看到漲勢凌厲的走法趨緩、不再過高，多單就可以主動先停利**；反之亦然，**當看到跌勢凶猛的走法趨緩、不再破低，空單也可以主動先停利。**

舉例來說，如圖表 4-42 圈起來這幾個位置，抓它的止勢位置，就可以選擇先主動停利。

那將原本被動式停利的方式，改成主動式停利，結果有何不同？圖表 4-43 是被動式停利的結果，圖表 4-44 則是主動式停利的結果，可以明顯看到兩種停利方式的損益差異。

圖表 4-42　止勢位置，先主動停利退場

資料來源：統 eVIP 全球版。

圖表 4-43　被動式停利的損益

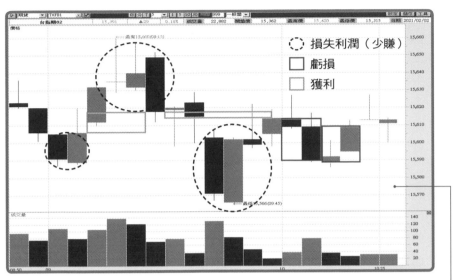

資料來源：統 eVIP 全球版。

相較於被動式停利，
主動式停利能守住更多利潤

圖表 4-44　主動式停利的損益

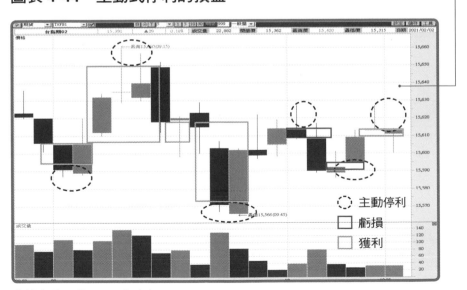

資料來源：統 eVIP 全球版。

當然，在看到的當下就停利，每個人有反應快慢的問題，所以我讓了一些價差，只抓大概的位置。但相較之下，主動式停利明顯可以守住許多利潤。

　　除此之外，還有另外一個輔助的小技巧——趨勢線。

3. 善用趨勢線作輔助。

　　利用趨勢線作輔助，不但可以觀察到不再過高和破低的位置，也更容易辨別止勢的位置（見圖表 4-45）。

　　將趨勢線套用到其他盤面，大概的獲利呈現在圖表 4-46。只見調整之後，對比圖表 4-47，已能守住大部分的利潤損失。

圖表 4-45　善用趨勢線，觀察突破和止勢處

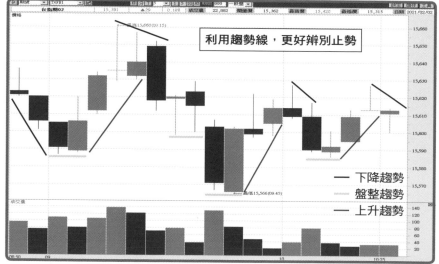

資料來源：統 eVIP 全球版。

圖表 4-46　用趨勢線輔助的損益

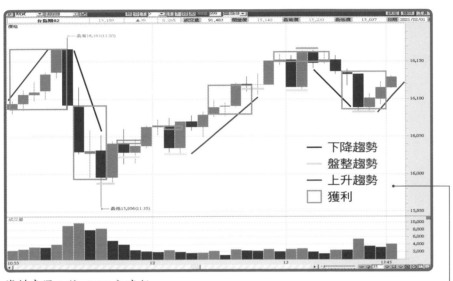

資料來源：統 eVIP 全球版。

用趨勢線輔助，守住更多獲利

圖表 4-47　用傻瓜操作法被動式停利的損益

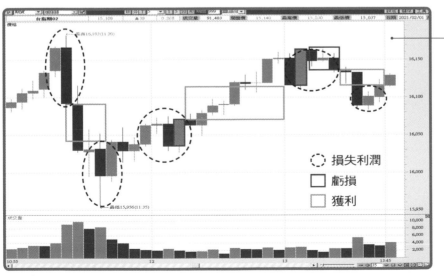

資料來源：統 eVIP 全球版。

4. 分段做。

然而，只要是主動式退單，一定會遇到走法稍稍停了幾根又續走原趨勢的情況，這時該怎麼辦呢？沒關係，重做就好，也就是採取分段做的方式。

既然我們可以避開盤整區不做，自然也能夠專挑走勢凌厲的來做，不續走就先獲利入袋，這樣並沒有什麼不好。

分段做的大致操作如圖表 4-48。當然，實際操作會有一些誤差值，也有可能在這樣的走法裡，你只做了四、五趟，那都沒有關係，只需要多加練習，就可以越來越熟練。

以上被動式進場搭配主動式退場的幾種方式，可以守住大部

圖表 4-48　分段做的大致操作

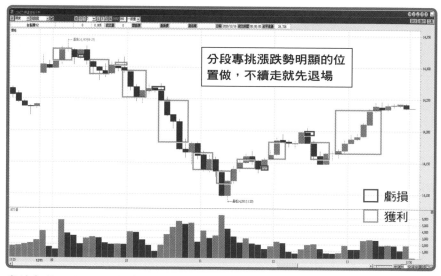

資料來源：統 eVIP 全球版。

分的利潤，相對需要比較快的反應。如果反應較慢，容損程度較大的投資人，亦可以參考下一種方法——改變操作的層級。

三、改變操作的層級。

傻瓜操作法可以運用在不同的分時 K 線上。我把不同週期的 K 線分層級，層級越小的 K 線，反應的時間週期越短，自然波動越快。**做當沖**並沒有限制一定要用哪個層級的 K 線，但以**能夠盯盤、反應速度夠快又兼顧風險控制的投資人來說，5 分 K 是比較適合的選擇。**

- **1 分 K**：波動快速，盤整盤時亦可運用。
- **3 分 K**：當沖反應快速者，亦可選擇此 K 棒為主 K 棒。
- **5 分 K**：最適合作為當沖小勢單的主要觀察 K 棒。
- **15 分 K**：適合做當沖大勢單。
- **30 分、60 分及日、週、月 K**：為當沖輔助觀察用，亦可以作為短線波段單及中長線波段單的觀察標的。

層級不同真的會影響操作嗎？舉例來說，下頁圖表 4-49 是2021 年 1 月 21 日的日盤 5 分 K，下頁圖表 4-50 則是週期較長的15 分 K。兩相比較後可以看到，時間拉長了，三根 5 分 K 才等於一根 15 分 K，因此 K 線的走法變得較為單純，漲勢中間的幾根回測 K，儼然不是轉勢 K 了。

圖表 4-49　2021 年 1 月 21 日的日盤 5 分 K

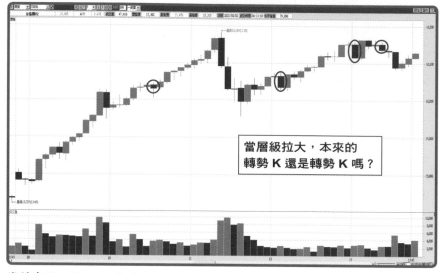

資料來源：統 eVIP 全球版。

圖表 4-50　2021 年 1 月 21 日的日盤 15 分 K

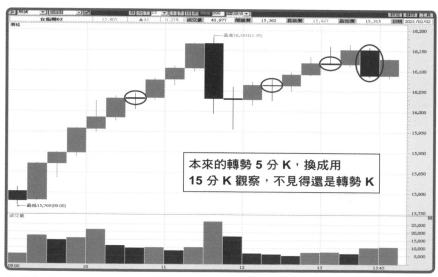

資料來源：統 eVIP 全球版。

　　觀察週期較長的 15 分 K，當然也有優缺點存在。此方法主要操作的價差，就是當天盤勢的大方向，優點為可以避免在盤中出現小回測或反彈（小勢）時轉單。

　　但反過來說，由於 **K 棒的時間週期變長，單根 K 棒的價差就會擴大，更不適用基礎版的傻瓜操作法**。畢竟轉勢 K 的價差幅度都變大了，等到轉勢 K 出現才退單，損失的利潤空間就相對更大，因此必須搭配前述的主動退場方式，才能守住比較多的利潤。

　　將傻瓜操作法改以 15 分 K 作為觀察 K 棒，是大勢單的其中一種操作方式，比較適合不喜歡當沖太多趟及容損空間較大的投資人。

　　既然提到 K 棒的層級，我們再來比較 2020 年 3 月這波低點 8,268 點出現後，日、週、月 K 的差異（見下頁圖表 4-51、4-52、227 頁圖表 4-53），可以明顯看出，層級越大的 K 線，每根 K 棒之間的波動點數越大。

　　如果你的資金充足，能夠忍受比較大的波動，那麼運用順勢操作的邏輯，並且多比較這三個週期的 K 棒，對往後改操作波段單很有幫助。

層級越大，K 棒走勢越單純，波動點數越大

→點數落差：5 分 K＜15 分 K＜日 K＜週 K＜月 K

　　　　　　　　　當沖參考　　　　　波段參考

圖表 4-51　2020 年 3 月出現最低點後的日 K 盤法

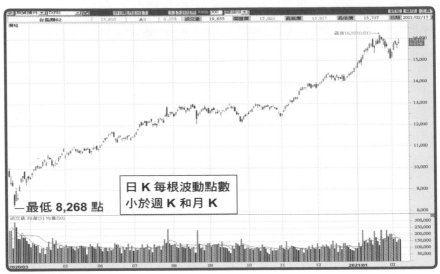

資料來源：統 eVIP 全球版。

圖表 4-52　2020 年 3 月出現最低點後的週 K 盤法

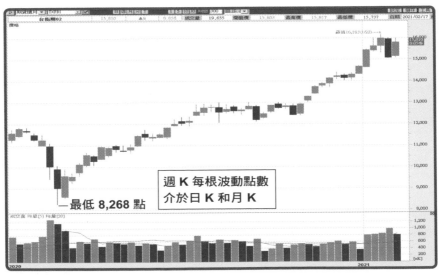

資料來源：統 eVIP 全球版。

圖表 4-53　2020 年 3 月出現最低點後的月 K 盤法

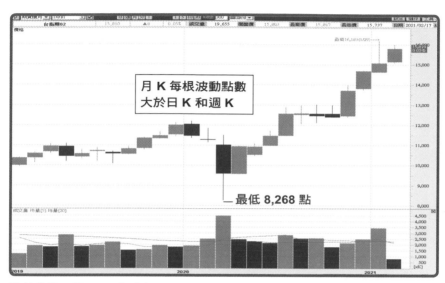

資料來源：統 eVIP 全球版。

最後，我們複習一下如何當個聰明的傻瓜：

1. **被動式進場，跟著趨勢的方向做。**

2. 趨勢還在進行中時，守每一根該守的位置。

3. 直到趨勢不再過高破低，出現止勢現象，或是漲跌勢趨緩，就先主動停利。

4. 避開盤整區，分段做，**只做漲跌勢明顯的位置。**

記住，當趨勢明顯的時候，就當個傻瓜跟著傻傻做。要是趨勢止住，就先停利，別做在不明顯的趨勢位置，進階當個聰明的傻瓜。

第 5 節
順勢？逆勢？聰明人這樣操作

還記得教學初期，我一股腦兒的想要把所有懂的、會的、好用的技巧及操作方式，統統編排進課程。沒想到教授的範圍太廣，學生們順勢單還做得不夠熟練，又要學習逆勢單的操作技巧，因而陷入順逆勢單來不及轉換的窘境。我不斷的叮嚀和講解，反而造成學生的壓力。

雖然度過摸索期後，學生們的操作狀況越來越好，但回想起整個教學過程，才發現一次教太多，只會適得其反。

操作就如同創業，每一個環節都需要時間去熟悉，一步一腳印，才能把底子打好。更何況每天的走法不同，變化來得比創業多，自然更需要穩紮穩打、循序漸進。

所以本書的編排，以最簡單也最重要的傻瓜操作法為主軸，先理解基本的操作原理、搞懂基本的盤法，再調整成改良版的順勢操作。期望讀者們閱讀後，就能用最簡單的方法獲利，並了解順勢操作的重要性，徹底改掉導致投資人大賠的凹單習慣。

本書對於操作三原則的「盤整來回做」並沒有著墨太多，原因除了盤整區的價差空間不大之外，要做得夠漂亮，就會帶到逆勢單的主動判斷及操作技巧：在盤前先抓好要觀察的價格帶，觀察順勢 K 走到那個價格，是否出現趨緩的止漲止跌現象，這樣

就能夠把來回價差做得更漂亮。

前面提到的價格帶，我稱為「魔法關鍵價」。以我而言，我會在下午先抓好魔法關鍵價，適用於當天下午盤跟隔天的上午盤，這個就是逆勢單運用的其中一種價位計算方式。

除此之外，有另外一種更細的預抓價格的方式，我稱為「魔法籌碼框」。但因為是盤前的預抓價格，如果盤型出現變化，仍必須在盤中調整。

我之所以提到這個部分，是希望投資人了解，操作技巧會隨著經驗的累積越來越好，只要能夠先做好書中提到的部分，基本上就可以把當沖做得不錯了。

 女王台指期小教室

「魔法關鍵價」是我運用的價格計算的方式，至於「魔法籌碼框」，是用實際成交的籌碼去計算出各框價格，準確度較基準點算法來得高，且任何盤型都適用，為當沖價差的輔助利器，幫助操作者抓到當天相對高低點。

由於本書重點是傻瓜操作法，故不詳細解釋魔法關鍵價和魔法籌碼框的計算方式。若想知道魔法籌碼框如何使用，有興趣的投資人，可以掃描右邊的 QR Code 進一步了解。

等到基本的操作方式夠熟練，累積的經驗也足夠後，只要願意努力，絕對可以更上一層樓。

別忘了，**聰明的傻瓜要觀察的，就是趨勢跟止勢的位置，長期下來，無形中便能增加逆勢單的功力**，因為逆勢單就是在預抓支撐壓力的位置點。

雖然夠熟練逆勢單的技巧，能夠擁有進出場的優勢，但在不熟悉逆勢單的技巧之前，就一心想要買在起漲點、空在起跌點，像這樣採取逆勢操作，位置常常抓錯不說，即便逆勢進場切入在漂亮的反轉點，若不認同順勢的原則，不僅單子容易抱不住，賺錢單提早出場，甚至在不該轉單的位置轉單，導致賺錢變賠錢，這些狀況都很常發生，新手投資人尤其要注意。

兼具順逆勢單的思維，進階聰明人

推崇順勢操作的投資人和推崇逆勢操作的投資人，兩方具有完全不同的思維，且自身的優點便是對方的缺點，進而成為攻擊對方強而有力的武器。乍看之下，這兩種類型是對立的個體，長久以來，市場上也似乎分成了兩派，彼此水火不容。

但，順勢逆單的思維其實可以並存。

怎麼並存呢？首先我們要思考，兩種操作方向若要追求獲利，各自需要什麼──逆勢單需要的是「預判得夠精準」，勝率才會高；順勢單需要的是「獲利單抱得住」，利潤才會大──若把兩種思維的優點融合併用，不就能產生最大效益了嗎？

　　圖表 4-54 擷取了盤中即時教學的部分內容，我正是同時運用順逆勢單的思維，彼此並不衝突。這樣的操作，就是聰明人的操作。

圖表 4-54　盤中即時教學（擷取部分）

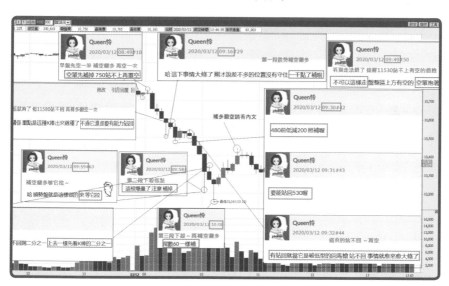

　　順逆勢單一個被動、一個主動，看似互相牴觸，其實不然。**只要先順勢抱著賺錢單，到預判的位置切入逆勢單，就是一種幾近完美的價差操作。**但要做到「預判」功力夠強，不僅需要懂得更多，也要有能力來克服它的缺點，最簡單的就是估錯了再把單子買回來，別傻傻不動作就好。

　　不過仍必須強調，如果以優先順序來說，要先懂得運用傻瓜操作法，等功力夠深厚，再搭配主動退場、轉當聰明的傻瓜，最

後才能當聰明人、順逆勢單思維兼備，一定要這樣按步就班。

否則一旦拿捏得不夠好，聰明反被聰明誤，在順勢還沒有走完之前就切入逆勢單，不但少賺到利潤，更造成不必要的損失。要是還不懂得轉單，一旦凹著就得不償失了。

如果往後對於順逆勢單的轉換有困難，就一直做聰明的傻瓜也很不錯，維持以順勢為主、逆勢為輔，像這樣操作，已經能夠做到 N 字盤法的基本來回價差，是相當不錯且相對容易的操作方式。

切記，無論是傻瓜操作法、進階成為聰明的傻瓜，還是活用聰明人的操作，任何操作方式及技巧都需要時間熟練，才能發揮最大效益。

 ## 台指期當沖女王的獲利心法

「就算是奇蹟，也需要一點時間。」

Even miracles take a little time.

——神仙教母（Fairy Godmother），

《仙履奇緣》（Cinderella）

第 五 章

女王的投資建議與叮嚀

第 1 節
老用相同方法，
無法得到不同未來

我有過無數次和投資人對話的經驗，從中可以明顯感受到，說想改變的人非常多，但真的願意改變的卻寥寥無幾。

最常出現的是這句話：「今天又大賠了！我知道我該改掉凹單的壞習慣，但我就是做不到！」

是做不到？還是不願做？或者是不知道應該這樣做？

捨不得停損，最致命

大多數人很難接受改變。在開啟對話之後沒多久，投資人總不自覺的把話題導向其原本運用的操作技巧，興致勃勃的說明要如何運用、有何優點、給了他什麼樣的助益……倘若是如此好用的技巧，為何仍會處於長期虧損？

問題一出，各式各樣冠冕堂皇的理由紛紛出籠，例如：因為「剛好」川普說了什麼、台積電「剛好」爆出業績增長的消息……甚至是外資輸給了黑手，盤才會不漲反跌（這應該是我聽過最荒唐的理由了）。

言談中可以清楚感受到，投資人這樣操作已經持續一段時

日。回歸對談開始的初衷，無非是希望得到助益，但總不免會偏離初衷，去談論其原本使用的技巧，卻連最基本的停損觀念都沒有，這將使得新的學習之路窒礙難行。

或許偶爾出現的突發狀況，確實會影響盤面，操作上也難免會失誤；但若長期以來的操作績效不彰，就在在顯示出原本的方式不夠好，的確有修正的必要。

改變需要勇氣，操作也是

個體心理學派創始人阿德勒（Alfred Adler）有個理論：「改變是需要勇氣的。」比起對未知的深層恐懼，找到不需要改變的理由較為輕鬆。因為改變不但需要勇氣，還需要毅力，也得耗費心力去學習面對全新的世界！

新的會比原來的好嗎？如此深埋在心裡的不安全感，讓投資人很難完全脫離原本的操作方式，甚至連自己都毫無察覺，**只記得曾經因之獲利，卻忘了獲利彌補不了虧損的事實。**

不只是投資要有勇氣改變，人生之事也是如此。

大家可能對於這樣的社會案例並不陌生──太太長期遭受酗酒的老公虐待，卻告訴自己，必須為了孩子犧牲而維持婚姻，又或是告訴自己：「他以前也對我很好，是因為工作不如意才會變成這樣……我應該要原諒他。」

我想，偶發的失控或許可以原諒，但在長期施虐的狀況下，對方早已不是當初的他了，又何必執著於以前的他？以阿德勒的

論點來解釋，比起選擇離開之後的不確定性，留下來起碼仍處於已知狀態，或許會比較安全——就是這樣的想法，讓當事人拿不出改變的勇氣。

績效，是操作方式的照妖鏡

如果長期以來的操作績效不如預期，但又希望能夠改變自己未來的操作績效，請先改變自己，盡全力拋棄壞習慣，並學習正確的操作方式與觀念，才有可能擁有不同的未來！

當你難以捨去原本的操作方式時，試著想想前例中受虐的婦女；或許，改變後的未來不見得會更好，但只要改變，就能讓她立刻脫離受虐的處境，進而有更多心力去發掘更美好的未來、創造更美麗的願景。

親愛的投資朋友們，請切記：

「想得到不同的未來，必須用不同的自己去創造。」

第 2 節
交易的聖杯在你手中

　　常常有人問我：「台指期操作難不難？人人都學得會嗎？」老實說，我無法給出一個肯定的保證。

　　儘管教授相同的內容，還是會因為個人的學習能力、自身條件、反應及吸收能力，產生不同的學習結果。就如同有人上了駕訓班，仍然無法取得駕照一樣，即使考取了駕照，也可能十年都沒開車上路過；當然也會有極少數人，可以成為出類拔萃的職業賽車手。

　　雖然結果存有差異，不過在學習操作的路上，我有幾個建議供大家參考：

1. 善用模擬交易。

　　快速波動的期貨市場，確實並非所有人都適合。有些人天性保守，動輒一天數萬的波動，承受不住的大有人在，如果你只希望一年能有 5%～10% 的獲利，那就不適合投入期貨市場。

　　如果你希望獲利更多，讀完本書後，認為自己能夠適應台指期的波動，也請別急著投入。你知道學開車除了要先去駕訓班，過程中還要做什麼嗎？沒錯，你必須待在駕訓班裡練習。

期貨市場的駕訓班，就是「模擬交易」。 網路上有許多提供模擬交易的網站可供練習（註：除了臺灣期貨交易所以外，許多券商都有提供模擬交易功能），等到模擬交易能夠持續獲利一段時間了，再正式操作也不遲。

臺灣期貨交易所，
線上虛擬交易所

2. 摸索出自己的天賦。

如果盡了力仍考不到駕照，那也不要緊，畢竟努力過了，起碼確認自己不合適，那就徹底放下，別再為它耗費未來的人生。

上天是公平的，每個人都有與生俱來的天賦，朝有興趣的方向、喜歡的生活方式走，一樣能夠走出屬於自己的康莊大道。

例如年過七十的知名華裔婚紗設計師——王薇薇（Vera Wang），她曾是花式滑冰選手，可惜沒能獲得美國奧運隊資格，便進入《VOUGE》雜誌擔任編輯，接著在競爭總編輯失敗後，於 1990 年創立婚紗品牌，成為知名的婚紗設計師。

短暫的失敗，不代表人生就沒有成功的可能。 別人認為幸福的人生，不見得自己也能感受到幸福，人生就是一路探求摸索的過程。我也是到了中年接觸到台指期，才發現原來我那麼熱愛它，祝福你也能找到自己熱愛的目標。

3. 擁有打不敗的王者之心。

如果你也熱愛台指期操作，但仍處於虧損階段，請熟讀本書的內容，調整以往錯誤的操作方式，用正確的方式戰勝它。

就像聖嚴法師曾說的，解決困境的主張是：面對它、接受它、處理它、放下它。

套用到期貨市場的話，一樣分為幾個階段：面對困境帶來的挫敗→接受困境的不確定性→處理錯誤的操作方式→放下操作的念頭；如果不想放下，那就想方設法「戰勝」它，擁有一顆打不敗的王者之心！

4. 打造適合交易的環境。

先弄清楚自己適合做什麼樣的格局，要做當沖、隔日沖還是波段單等，**挑適合自己的**──這非常重要，是核心邏輯觀念！

人人都想當沖致富，但並非大部分人都有這樣的條件。

試想，一個朝九晚五的上班族，白天需要專注在工作上，又想抽空做當沖賺價差，怎麼可能做得好？所以**上班族就不能在日盤當沖涉獵太多，可以改做波段單，或是夜盤才做當沖**。而專職的交易者，由於白天不用上班（退休族、自由業），就可以多花時間學習當沖操作，更快累積財富。

換個角度思考，這些就等同是一個大格局，若想要做到合適的程度，需要具備哪些條件？而這些條件就是一個又一個的小格局，督促自己慢慢去達成。有了初步的投資概念，就不會多走冤枉路。

一個知道目的地在哪兒的人，是不會迷失方向的，即使途中迷了路，一樣能夠找到前進的方向；相較之下，根本不知道目的地在哪裡，才是最危險的。

許多剛接觸台指期的人，一開始告訴自己，每天只要賺個 20 點就好，想不到沒多久就換目標。如果做兩口就是 40 點，做三口就 60 點了，一直加上去⋯⋯當沖賺了又想賺波段，波段賺了又想要加碼⋯⋯這些都是非常危險的想法，因為出發點只有贏，沒有想到輸的可能性。

5. 交易的聖杯在自己手中。

如果你想出去玩，就算沒有汽車，仍可以慢慢存錢買輛車，同時先學開車，了解路線要怎麼走、導航要怎麼使用，準備充分了再出發。

一開始開車上路，可以先到近一點的地點，慢慢熟悉如何駕駛，千萬別急著往前衝，免得一不小心就刮傷了辛苦存錢買來的汽車。初期開得慢沒關係，安全最重要，等開車的技術夠好、路線夠熟了，自然可以隨心所欲去到任何一個目的地。

在交易市場也是如此。學習各種操作技巧及資金準備等，只是進入市場的條件，真正開始操作之後，必須懂得如何活用。

面對變化多端的盤，就像路途可能塞車、或是遇到傾盆大雨，必須不斷練習、調整、修正，慢慢累積經驗，才能成為市場上的贏家，即使遇到突如其來的狂風暴雨，也不至於翻車。

千萬別小看金融市場，誤以為看了幾本書、學了幾項技巧，就可以任我行，忘記該遵守的原則。對於市場，永遠要保存戒慎恐懼的謙卑態度。

第 3 節
台指期當沖，
就是重複的事情用心做

　　人的一生中，當過無數次的新手，舉凡幼時學習走路；進入校園後，學習獨立、學習交朋友；出了社會，學習待人接物、做人做事；結婚後，學做個稱職的父母……每當你經歷其中，才能學到如何在不熟悉的領域，一步步突破困境，繼續朝目標前進。

　　就我而言，在學習台指期的歲月中，我不斷改善操作缺陷，記錄每一筆的交易過程，一旦遇到不懂的就尋找解答（翻閱書籍或者求教於人），再改善操作的細節。一路走來心無旁騖，累積大量經驗，讓我今日能著書與大家分享。

　　本書內容是我精簡過後，最為重要的心法及最簡單的操作方式。阿里巴巴集團創辦人馬雲說過以下這段話，我認為相當值得省思：

　　複雜的事情簡單做，你就是專家；簡單的事情重複做，你就是行家；重複的事情用心做，你就是贏家。

　　這也是為何要先學會傻瓜操作法，再學當聰明的傻瓜，最後才能進階聰明人的原因，因為循序漸進的過程中，你會感受到經

驗所帶來的威力。

成就自己與幫助他人

如果你像先前的我一樣處於低潮期，別對自己失去信心，也別對生活失去熱情。

人人都有挫折的時候，處於困難的當下，或許會讓你誤以為再也沒有希望，但事實絕非如此，因為天道酬勤，只要你願意努力，上天一定會為你開啟另一扇窗。

在努力的當下，別忘了你最重要的家人朋友們。人生最寶貴的，就是真心關懷自己的人，忙碌之餘，記得花點時間與他們相處，良好的關係會讓你更有前進的動力。

當你發現自己越來越好時，也請不吝於付出餘力幫助他人，除了財施之外，你還可以：

- **和顏施**：對別人和顏悅色。
- **言施**：切實力行存好心、做好事、做好人、說好話。
- **心施**：為對方設想、體貼他人。
- **眼施**：用慈愛和氣的眼神看人。
- **身施**：身體力行的幫助別人。
- **座施**：讓座給需要的人。
- **察施**：不用問對方就能察覺對方的心，並給予其所需的方便或關懷。

　　這些都是相當好也容易的方式，幫助他人能讓這個世界更加美好，而且能帶給別人幸福，自己也會感到更幸福！

 台指期當沖女王的獲利心法

「如果你堅持你的信念，美夢遲早會成真。」

If you keep on believing, the dream that you wish will come true.

——仙杜瑞拉（Cinderella），《仙履奇緣》（Cinderella）

附錄

學員心得文

訊息起始於：2021/04/29

SLASH　　　　　　　　　　　　　　　22:27:17

從前在投資市場，有個流行的笑話是這麼說的：「老師在講，你有沒有在聽?!」但是，厲害啦～現在這位老師在講，你不但要認真聽，而且最好先拋開你目前的投資思維，去仔細的咀嚼每一個字，感受其中的精隨，因為老師的字字句句都是最真誠與真實的展現。

隨著在女王學院學習一年多，我深切體會老師的熱血、一定要教到你懂的執著，不斷的提醒再提醒，甚至比你更焦慮擔心你的學習狀況。

在面對高度不確定性的投資市場，必須真實以對──對自己真實、與真實的人往來──所以說，女王必定是你的最佳選擇。

訊息起始於：2021/05/06

kaki   11:45:49

學當沖跟 Queen 怜老師學就對了！

盤前預先告知隔天要注意的事項，盤中不厭其煩的及時
提醒操作要點和 SOP，完整清晰的講解盤勢，盤後再
做重點歸納總結，每天的教學內容詳盡、充實、緊湊。
雖然這樣高強度的教學需要極大的腦力和體力付出，但
老師極富耐心，對於學員遇到的各種問題，還針對性的
現場直播回答解說。老師對學員成長的殷切期盼溢於言
表，真誠無私，認真負責的忘我精神和良苦用心，令每
位學員深受感動。

盤中的即時講解，無數次印證老師操盤功力深厚細膩，
令人嘆服，是當之無愧的業界翹楚。老師運用多年的操
作經驗，把對操作的理解和方法化繁為簡，傳授的技巧
簡單有效，涵蓋所有盤型，可操作性強，邏輯清晰，尤
其適合初學者。

更加難能可貴的是，老師還持續為學員提供心理和情緒
上的支持，鼓勵操作上遇到瓶頸和失誤的學生，克服人

性弱點，建立操作信心，令學員倍感溫暖，是真正的業
界良心。

老師造詣深厚，但仍然不斷嘗試和優化教學方法，因材
施教，永遠精進的人生態度反映在她生活的各個層面，
令人欽佩，也深深影響打動了我們，引領著我們不斷超
越自我。

能夠成為 Queen 怜老師的學生，真的是非常幸運的事
情。真誠祝願老師在教書育人的路上心想事成，桃李滿
天下。

訊息起始於：2021/05/06

Alex Huang　　　　　　　　　　　　　　03:39:22

加入學院真的感覺自己每天有在進步！

目前我還在模擬單的階段，盤中反應較差，要盤後慢慢
比對 LINE 的訊息，才能清楚明白，感謝 Queen 怜老
師的辛苦付出！

SKT888　　　　　　　　　　　　　　　　20:36:54

女王要出書了，恭喜女王，也恭喜大家能有機會向市場贏家女王學習操作！

我本身是上班族，只能利用零散時間或收盤學習，女王這有完整的系統教學，佛心的把她多年實戰的經驗，有系統的整合出來傳授給大家。

在市場上能有真材實料，尤其又以實戰為主的沒幾個，女王絕對是數一數二的，而且教學內容淺顯易懂，可以說是精華中的精華，每個內容都是重點，如盤型的解析內容、K 棒慣性解說，每次去看都有不同的感受，還會發現自己原來還有許多盲點，當下都沒想到，像這樣每多複習一次，基礎就可以打得越牢固。

從女王這，可以讓自己學到交易進出有據，不會再如散戶瞎子摸象般下單交易。在初期學習時，女王也建議在未發展出屬於自己的策略之前，不要貿然下實單，這樣只會影響自己的學習效率，並打擊自己的信心。比起急著下單，初期更應該專注在盤勢的解析與印證女王教學

的內容，來發展出屬於個人的交易策略。

在女王這，交易有無限可能……這樣說是有點誇飾，應該說在交易上可以延伸許多不同變化，如順逆勢、波段、當沖等各種交易類型，女王可謂樣樣專精，樣樣都拿得出手。如果是專職操作，可以讓你放大獲利；就算是上班沒時間看盤，也有針對上班族的做法，讓上班族有機會可以穩穩操作，每個月能再幫自己加薪。

交易是一段漫長的路，相信隨著女王腳步一直走下去，大家都能成為市場的贏家。

訊息起始於：2021/05/05

睡死的豬之努力灰熊　　　　　　　　　　20:49:15

老師教的技巧簡單易用，而且大部分的技巧是全商品通用（除了台指期特定技巧），所以好好閱讀、先觀察模擬熟悉後，絕對能幫助各位在期貨上賺到價差。

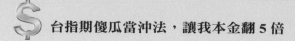
訊息起始於：2021/05/06

藍仁　　　　　　　　　　　　　　　　　16:59:30

加入女王學院後，K 棒的實戰應用一點就通，很奇怪，加入學院之前，坊間的 K 棒理論書籍，怎麼到了實戰完全用不上？

女王 K 棒的實戰應用訣竅，恕我無法在此多說；至於「天道酬勤」──我也相信女王的這個信念。

如果你也跟我之前一樣在外茫然中，快來吧！別在外面繞了，時間寶貴！

感恩女王付出時間心力教學指導。

訊息起始於：2021/05/06

Julie Chen　　　　　　　　　　　　　　01:21:35

可以認識 Queen 怜老師，真的是非常幸運的事，對我的人生影響很大。

老師深入淺出的教學精神會讓人再接再厲，遇到挫折時，她總是鼓勵同學們放緩腳步慢慢學，不急躁，只求穩紮穩打的一步一腳印。

「天道酬勤」是老師最常鼓勵大家的話，我一直放在心底，一直跟著老師學習到現在約一年一個月。對比一年前的我，從完全聽不懂到現在可以稍稍看得懂，真的進步很多。

真的感謝老師不藏私的教導。

訊息起始於：2021/05/06

PINEAPPLE　　　　　　　　　　14:05:47

Queen 怜老師的教學非常細膩，包含 K 棒力道、時間波、布林通道、關鍵點位，條理及邏輯非常清楚，很適合初學者或者是對其不甚了解的同學，而且學會了，做任何商品都可以使用。

老師的書是非常難得一見的作品，內含不藏私的技術教學，錯過了將是你的一大損失。

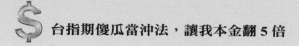

 victoria　　　　　　　　　　　　　　　17:43:31

市場上的好老師如同鳳毛麟角，我何其有幸能夠認識 Queen 怜老師，終止了我賠不斷的期貨生涯。

老師深入淺出的解說，讓交易就像打電動一樣有趣，輕鬆但不隨便，而整個盤法走勢就在老師的解說下，活靈活現的出現在眼前。

認識 Queen 怜老師才知道，台指期當沖天天賺不是神話，只是盤要讓我們大賺或小賺的差異而已。非常建議有心想要嘗試台指期交易的投資人，一定要先買這本書來看，更好的是能來上老師的課。

技術需要時間不斷磨練，才會在機會來的時候，毫不猶豫的出手抓住它！祝福大家跟 Queen 怜老師一樣，有打不敗的女王心～

訊息起始於：2021/05/05

 品彤 linda 21:09:21

非常推薦老師的心血作品，我相信能改變你的操作生涯及績效！

過去還沒跟著老師學習前，操作績效常常小賺大賠、只會做區間，一旦噴出去或摔下去，都會造成虧損擴大。自從參加了老師教導的學院，改掉了很多壞習慣並克服心魔，明白順勢操作的重要。

而且看盤時很清楚知道 K 棒小細節的變化，要如何演變成為趨勢，久而久之養成好習慣，完全改變了我的獲利績效，證明不只老師能做到，學生也能做到！

謝謝老師對我的教導及幫助！

女王的當沖魔法──期貨簡易當沖術

當天下單當天賺，下班回家接著賺！

教學服務

1. 簡易當沖術完整影音課程

2. 學員專屬 LINE 教學討論社群

3. 每日盤後解盤分析教學

4. 學院聖杯：
   魔法關鍵價、
   魔法籌碼框、
   魔法布林

學院介紹

　　Queen 怜因為親身經歷，深知投資人的需求及盲點，特別規畫八大課程內容，深入淺出的引導投資人建立良好的投資心態，並正確的使用技術指標，進而判斷盤勢的多空走法，再運用獨創的當沖女王魔法技巧，輕鬆掌握進出場的關鍵位置。

　　即便是新手投資人，只要完整學習這八大課程，就能快速躋身投資常勝軍的行列。除此之外，Queen 怜特別加上每日的盤後複習與盤勢提醒，更可加快投資人學習的腳步，致勝訣竅讓您手到擒來。

課程大綱

1. 期貨當沖操作必須知道的基本知識
2. 簡易當沖術：魔法關鍵價
3. 魔法關鍵價的隱藏版功能
4. 超過預期漲跌的狀況
5. 簡易當沖術：位階操作
6. 女王教布林
7. 技巧綜合應用
8. 實戰操作演練

180 天學院會期　售價：28,800 元

學院聖杯介紹

1. 魔法關鍵價

利用獨特的價位計算方式，幫您找出關鍵價位

日期	2020/10/20	2020/10/19	2020/10/16	2020/10/15	2020/10/14	2020/10/13	2020/10/12
一般盤	12676	12667	12656	12649	12640	12624	12610
全盤	0	0	0	0	0	0	0

2. 魔法籌碼框

當沖盤前規劃必備工具，當日價格帶，秒框出來

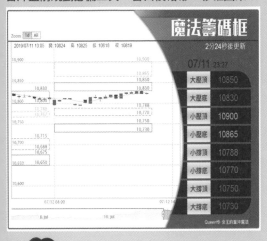

3. 魔法布林

透過魔法布林，讓您掌握關鍵交易量能

Biz 374

台指期傻瓜當沖法，讓我本金翻5倍

三種K棒走勢＋操作三原則，不鑽研個股、不盯籌碼，當天下單當天賺，下班回家接著賺！

作　　者／Queen怜
責任編輯／張慈婷
校對編輯／張祐唐
美術編輯／林彥君
副總編輯／顏惠君
總 編 輯／吳依瑋
發 行 人／徐仲秋
會　　計／許鳳雪
版權經理／郝麗珍
行銷企劃／徐千晴
業務助理／李秀蕙
業務專員／馬絮盈、留婉茹
業務經理／林裕安
總 經 理／陳絜吾

國家圖書館出版品預行編目（CIP）資料

台指期傻瓜當沖法，讓我本金翻5倍：三種K棒走勢＋操作三原則，不鑽研個股、不盯籌碼，當天下單當天賺，下班回家接著賺！／ Queen怜著. -- 初版. -- 臺北市：大是文化有限公司，2021.10
256 面；17×23 公分 .--（Biz；374）
ISBN 978-986-0742-46-6（平裝）

1. 期貨交易　2. 期貨操作　3. 投資技術

563.534   110008718

出 版 者／大是文化有限公司
　　　　　臺北市 100 衡陽路 7 號 8 樓
　　　　　編輯部電話：（02）23757911
　　　　　購書相關資訊請洽：（02）23757911 分機 122
　　　　　24 小時讀者服務傳真：（02）23756999
　　　　　讀者服務 E-mail：haom@ms28.hinet.net
郵政劃撥帳號／ 19983366　戶名／大是文化有限公司

法律顧問／永然聯合法律事務所
香港發行／豐達出版發行有限公司
　　　　　Rich Publishing & Distribution Ltd
　　　　　香港柴灣永泰道 70 號柴灣工業城第 2 期 1805 室
　　　　　Unit 1805, Ph.2, Chai Wan Ind City, 70 Wing Tai Rd, Chai Wan, Hong Kong
　　　　　Tel：2172-6513　Fax：2172-4355　E-mail：cary@subseasy.com.hk

封面設計／林雯瑛
內頁排版／顏麟驊
印　　刷／鴻霖印刷傳媒股份有限公司

出版日期／2021 年 10 月初版
定　　價／新臺幣 420 元
I S B N　978-986-0742-46-6
電子書 ISBN 9789860742411（PDF）
　　　　　9789860742435（EPUB）